저, 우울증입니다

저, 우울증입니다

초판 1쇄 발행 2021년 11월 1일

지은이 우강훈
펴낸이 장현수
펴낸곳 메이킹북스
출판등록 제 2019-000010호

디자인 이설
편집 이설
교정 안지은
마케팅 김예지

주소 서울특별시 금천구 가산디지털1로 142, 312호
전화 02-2135-5086
팩스 02-2135-5087
이메일 making_books@naver.com
홈페이지 www.makingbooks.co.kr

ISBN 979-11-6791-034-9(03810)
값 13,000원

ⓒ 우강훈 2021 Printed in Korea

잘못된 책은 구입하신 곳에서 바꾸어 드립니다.
이 책의 전부 또는 일부 내용을 재사용하려면 사전에 저작권자와 펴낸곳의 동의를 받아야 합니다.

홈페이지 바로가기

메이킹북스는 저자님의 소중한 투고 원고를 기다립니다.
출간에 대한 관심이 있으신 분은 making_books@naver.com으로 보내 주세요.

마음 아픈 사람들을 위한 용기

저, 우울증입니다

메이킹북스

착한 사람이라서 남을 아프게 하지 못하고,

자신이 아프고 마는 소중한 당신.

당신에게 사랑의 마음을 담아

이 책을 전합니다.

사랑합니다.

CONTENT

머리말 10

> I.
> 마음의 감기

우울증은
누구에게나, 언제든지 올 수 있는,
마음의 감기입니다.

우울하다 보니 우울증이 왔다.	14
우울증에 빠지게 되는 계기 - 잃어버리면 오는 우울증	19
우울증이 오면 하게 되는 극단적 선택	24
당신이 착한 사람이라서…	28
특이한 사람이 걸리는 그런 병 아닙니다	34
나는 우울증입니다 당당하게 외치자	38
이유 없는 우울증	42

II.
우울증과
과학

굿판으로는
우울증을 치유할 수 없습니다.

정신과 가기를 두렵게 하는 것들	52
우울증 DNA - 가족력	57
믿으세요, 정신과	61
공포와 불안	67
누구나 한계는 있다	72
봄이 오고, 우울해졌다	77
자동 사고	81
우울증 롤러코스터	89

III. 우울증 이기는 방법

> 무언가 해야 극복할 것 같은데,
> 무엇을 해야 할지 모르는 당신에게.

뻔한 이야기	98
왜 숨겨야 하죠?	100
우울증 극복이 어려운 이유 -자신과의 싸움	103
절대 하지 말아야 할 3가지	108
우울증에 도움이 되었던 것	116
스트레스를 이겨내는 연습	120
나를 사랑하는 방법	124
아프면 아프다고 말하는 용기	130
나를 쓸모 있게 하는 것들	130
판도라의 상자	140
드라마를 보다가 발견한 우울증 극복방법	146
나를 옭아매는 것	149
행복찾기	152

IV. 우울증 그 이후

우울한 당신에게 해주고 싶은 이야기.

'겁쟁이'라 다행입니다 — 158

우울증 이후, 후회되는 것들 — 162

우울증의 선물 – 두려움 극복 — 165

마음의 신호 '깜빡이' — 169

아버지가 남겨 준 유산 — 173

어머니가 남겨 준 유산 — 178

참새에게서 저를 봤습니다 — 182

구급차 — 185

보이지 않게 성장하고 있어요 — 189

찬란하게 빛나는 당신 — 192

자살 방지 캠페인 — 195

작가의 말 — 200

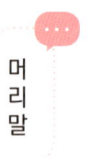

머리말

 이 책은 저의 두 번째 책입니다. 첫 번째 책을 낸 후, 늘 제 머릿속에는 이런 생각이 들었습니다.

 '세상 어느 작가가 독자를 위한 글이 아닌 자신을 위한 글을 쓴단 말이지?'

 제 첫 책은 아팠던 저의 치유를 위해 쓴 책입니다. 마음이 아픈 독자가 읽고, 치유가 되는 글이 아니라는 점이 계속 마음에 걸렸습니다.

 마음의 병에서 벗어난 뒤 저는, 저처럼 아픈 사람에게

치유의 길을 알려주고 싶다는 생각을 했습니다. 그렇게 인스타그램을 통해 사람들과 소통하며 여러 힘든 사람에게 저의 이야기를 들려주었습니다. 감사하게도 많은 팔로워분들이 좋아해주셨습니다. 위로받았다, 힘이 된다, 교훈적인 글이 너무 좋다…. 그분들의 응원에 힘입어 늘 마음속에 걸렸던, 독자를 위한 글을 쓸 수 있겠다는 생각이 들었습니다. 그래서 그동안 썼던 글들을 엮어서 두 번째 책을 내기로 했습니다.

독자를 위한 책. 읽는 사람이 지불한 책값의 값어치를 하는 책. 그래서 이제는 당당하게 저에게 '작가'라는 칭호를 붙일 수 있게 해줄 책. 그런 책을 쓰겠다는 생각으로 이 책을 씁니다.

이 땅에, 이 사회에, 우울증으로 힘들어하는 사람이 한 분이라도 줄어들기를 바라는 마음으로….

"나는 부족한 사람인가 봐. 우울증이 왔어."

자책하고 있을 당신.
우울증은, 누구에게나 찾아올 수 있는
'마음의 감기'입니다.

당신의 잘못이 아닙니다.

1. 마음의 감기

우울증은 누구에게나,
언제든지 올 수 있는, 마음의 감기입니다.

우울하다 보니
우울증이 왔다.

요즘 우울한 사람들이 많습니다.

많은 유명한 사람들이 우울증으로 극단적인 선택을 하고, 그 사실이 기사화되어 사람들에게 전해집니다.

'저렇게 유명한 사람도 자살을 하는데, 나 따위가 뭐….' 하는 생각들이 바이러스처럼 퍼져가게 됩니다.

저는 우울증 환자였습니다.

저의 경험이 우울증을 앓는 많은 분들에게 도움이 되었으면 하는 마음에, 글을 썼습니다.

'누구나 겪을 수 있는 일이구나.'

'나만 그런 것이 아니구나.'

나 혼자만 힘든 것 같다는 절망적인 생각보다, 나 외의 사람도 겪었고 극복했다는 사실에 희망을 가지시길 바라봅니다.

첫 이야기로 우울함과 우울증의 차이를 이야기해보려고 합니다.

우울함은 누구나 가지고 있습니다.

아무리 몸과 마음이 건강한 사람이라도, 우울함은 느끼기 마련입니다.

몇 가지 사소한 예를 들어볼까요?

버스를 타려고 하는데, 교통카드를 집에 두고 왔습니다.
우울합니다.

크리스마스가 다가오는데, 나는 모태 솔로입니다.
좀 많이 우울합니다.

지하철을 타고 친구를 만나러 가는데, 반대 방향을 탔습니다.
우울합니다.

평상시에 누구나 느낄 수 있는 우울한 사례입니다. 이런 우울함을 느꼈다고 해서 우울증은 아닙니다.

그러면, 우울증은 무엇일까요?

우울증은 우울함에 기초합니다. 우울하지 않으면, 우울증은 오지 않습니다.

보통 우울증을 이렇게 정의 내립니다.

"우울함이 2~3주간 지속되어, 불안과 초조, 극단적으로 낮아진 자존감 등의 증상이 발현되는 경우."

저의 경우, 우울증의 원인이 무엇인지 명확하지는 않습니다.(일반적인 우울증의 원인은 다음 글에서 다루겠습니다.)

저는 '일'을 매우 사랑하는 사람이었습니다. 그런데 갑자기 일터에서 소외되고, 버림받았다는 생각이 들었습니다. 소외되고 버림받았다고 느낄 이유가 없었는데, 그렇게 느꼈습니다. 당시에, 제 마음대로 되지 않던 일이 아마도 저를 그렇게 착각하게 만들었을 거라고 생각합니다. 일터에서 부정당했다는 생각을 하자, 우울함이 저를 덮쳤습니다. 지속된 우울함은 우울증이 되었고, 자살까지 시도하게 되었습니다.

그나마 다행인 점은 제일 먼저 해야 할 일이 무엇인지 알고, 그것을 실행에 옮겼다는 점입니다.

바로 정신과 상담을 예약한 일입니다.

저는 제가 어딘가 아프다는 것을 인지했고, 아픔을 치료하기 위해 의사 선생님을 찾아가야 한다고 생각한 것입니다.

저의 이런 선택을, 저의 지인은 칭찬해주었습니다.

"잘했다. 우울증으로 정신과를 찾아갔으면, 다시 자살을 시도하진 않을 거다. 잘했다."

우울하신가요?

우울증이라고 생각하시나요?

그러면 먼저, 병원을 찾아가세요.

그리고 마음속 답답한 이야기를 다 꺼내세요.

저는 이 책에서 계속 이야기할 것입니다.

우울증은 마음의 병이며, 이 병을 치료하려면 병원에

가야 합니다. 그 병원은 정신과입니다. 정신과라는 곳이 이상한 곳이 아님을 계속 이야기할 것이고, 우울증이 어딘가 부족한 사람이 걸리는 병이 아님을 계속 이야기할 것입니다.

기억해요, 우리

1. 우울증은 우울함에 기초합니다.

2. 우울함이 2~3주간 지속되고, 여러 감정의 동요가 일어난다면, 우울증입니다.

3. 우울증의 원인은 다양합니다.

4. 우울증이라고 판단이 되면, 주저 없이 정신과 상담을 받으시기를 권합니다.

우울증에 빠지게 되는 계기
- 잃어버리면 오는 우울증

저마다 우울증에 빠지게 되는 계기가 있습니다.

다양한 이유가 있지만, 대체로 무엇인가 의존하던 것을 상실할 때, 깊은 우울증에 빠지게 됩니다.

사랑하는 연인, 물건, 일, 우정, 금전 등.

다양한 이유로, 무언가에 '의존'하다가 그것을 '상실'했을 때, 혹은 상실한 듯한 느낌을 받을 때, 그때 우리는 심적으로 무너집니다. 그리고 회복이 더디게 되고, 시간이 지속되면 우울함이 우울증으로 커지게 됩니다.

저의 경우를 돌이켜 보면, 일터에서도 가정에서도 금전적으로도 상실감을 느꼈습니다. 금전적인 문제는 아주 사소한 것이었는데, 심적으로 무너져 있는 상태에서 '이것도 나한테는 큰 문제야!' 하고 인식해버린 것 같습니다. 거액의 빚을 진 것도 아닌 상태여서, 크게 문제될 일은 아니었는데 말입니다.

이렇게 한 번 무너진 마음은, 별로 중요하지 않은 문제도 큰 문제라고 인식하게끔 만듭니다.

우울증의 계기가 되는 '의존'을 극복하는 방법은 두 가지가 있습니다.

'자기애'와 '믿음'입니다.

사실, 두 가지 방법 모두 다른 형태의 의존입니다. 다만, 상실되지 않는 것에 대한 의존입니다.
'믿음'은 주로 종교를 대상으로 합니다.
저의 친구는 제가 우울증으로 아플 때, "너의 병을 치료할 방법은 하나밖에 없다. 신을 믿어라."라고 했습니다.

무너지지 않는 것에 대한 의존을 통해, 상실된 것들을 채우라는 의미였습니다. 저는 무신론자도 아니지만, 신에 대한 믿음이 그리 깊은 사람은 아니었습니다. 크게 도움이 되지는 않았습니다.

본인의 신앙심이 강하다고 자부하신다면, 더 강하고, 흔들리지 않을 불변의 것에 대한 더 큰 '의존'도 좋은 방법이라고 생각합니다.

다른 방법인 '자기애'는 상실된 것보다 내가 더 중요하다고 인식하게 하는 방법입니다. 나를 더 사랑하면, 상대적으로 의존하던 대상은 덜 중요하게 됩니다. 상실된 의존이 '별것 아니구나.'라고 인식이 되면, 우울증에서 빠져 나오기 쉽게 됩니다.

아래는 제가 우울증을 극복한 방법입니다.

그 어느 것보다 자신을 중심에 두었습니다. 가정, 자녀, 나의 일, 경제 상황… 그 어느 것보다 내가 중요하다고 생각하기로 했습니다. 내가 가장 사랑하는 것은 바로 나라는 생각을 했습니다.

그리고 저는 홀로 먼 곳으로 여행을 갔습니다.

먼 땅끝 마을에서 제가 의존하던 것을 버리고 왔습니다. 메모지에 적어서 여행지에 남겨두고 왔습니다.

'나의 불필요한 감정들. 여기 두고 간다.'

손발이 오그라드는 퍼포먼스였지만, 효과는 강력했습니다.

눈으로 보이는 것에 적어서 두고 오니, 정말 두고 온 것처럼 마음이 가벼워졌고, 저는 스스로 괜찮다는 암시를 걸 수 있게 되었습니다. 마법처럼 우울함이 사라졌습니다.

기억해요, 우리

1. 우울증은 의존하던 것의 상실에서 출발하는 경우가 많습니다.

2. 우울증의 극복 방법은 2가지입니다.

    ① 더 강한 '믿음'에 의존
    - 주로 종교에 해당됩니다.
    '신'에게 의존하는 방법입니다.

    ② 자기 자신에 대한 의존
    - 자기 자신에 대한 사랑. '자기애'로 극복합니다.
    상실한 것보다 강한, 변하지 않는 것에 '의존'하여, 상실감을 해소하고, 자신을 되찾는 방법으로 극복합니다.

우울증이 오면 하게 되는
극단적 선택

 우울증이 무서운 이유 중 하나는 극단적인 선택, 바로 목숨을 끊는 일이 생길 수 있다는 점입니다.

 저는 두 차례 극단적인 선택을 하려 했습니다.

 저에게 한강, 여의도 공원은 참 의미 있는 곳입니다. 서울 사람이 아닌, 시골 사람인 제게 추억이 있는 몇 안 되는 곳입니다.
 친구와 운동을 즐기고, 캔 맥주를 마시던 곳. 점심시간 직장 동료와 산책을 하면서 바라보던 곳. 여의도 공원이고, 한강변이었습니다.

흔히 농담으로 주식하다가 날려 먹고 빚쟁이가 되면 간다는 그 한강은 제가 처음으로 죽으려고 했던 곳입니다. 그 시커먼 강물에 투신하려고 했었죠.

비가 억수같이 내리는 날. 저는 한강을 가로지르는 많은 다리 중 한 곳으로 갔습니다.
지금 돌이켜보면 이해할 수 없는, 이해가 불가능한 의식의 흐름이었습니다.
깊은 상실감, 그 순간 저를 강하게 지배하던 그 감정은 삶을 포기하자는 생각으로 이어졌습니다.
친구의 전화가 때마침 오지 않았다면, 저는 지금 이 순간 글을 쓰고 있을 수 없었을 겁니다.

죽으려고 마음먹고, 죽자는 생각을 했을 때, 제 마음속 아주 작게 남아 있던 저의 원래 자아는 정신과를 가야 한다고 생각하고 있었습니다. 저는 정신과 상담을 예약했습니다.
오늘 죽으려는 사람이, 내일 상담을 예약하고 있었습니다.

여러 기적적인 도움으로 저는 첫 자살 시도에 실패했습니다. 그리고 다음 날 정신과 상담을 갈 수 있었습니다. 여러 가지 검사를 했고, 그 검사를 바탕으로 한 상담을 통해 저는 조금씩 제 마음을 치유해갔습니다.

정신과에서 처방해준 약을 먹으면서, 저는 빠르게 좋아졌습니다. 몇 번의 상담을 하고, 정신과 진료를 본 지 일주일이 지났습니다. 의사 선생님은 "빠르게 좋아지고 있는 것 같다. 약의 효과 같다"고 이야기한 저에게 말씀하셨습니다.

"그 약은, 세포에 작용하는 데 2주가 걸리는 약입니다."

실제로 그 약이 저에게 영향을 줄 리 없다는 말입니다. 플라시보 효과였습니다. 기분 좋은 속임수에 속았다는 생각이 들었습니다.

주변에 우울증으로 힘들어하는 사람이 있다면, 자주 관심을 가져주고, 확인해주세요. 돌이킬 수 있는 영역에 있게끔, 힘껏 당겨주세요. 어쩌면, 그분은 당신의 도움을 기다리고 있을지 모릅니다.

기억해요, 우리

1. 우울증은 자살로 이어지기 매우 쉽습니다.

2. 조용한 자살은 거의 없습니다. 분명 가까운 누군가에게 계속 신호를 보냅니다.

3. 그 신호를 당신이 받을 수 있습니다. 관심을 가지고, 삶을 포기하지 않게 당겨주세요.

당신이 착한 사람이라서…

우울증으로 힘들어서, 주변인에게 도움을 청하다 보면, 이런 말을 하는 분들을 꼭 만납니다.

"야, 우울증 그거 네 정신력이 약해서 그런 거야."
"살 만하구나? 그런 병에 다 걸리고. 그거 다 네가 여유가 있으니깐 걸리는 거야."
"야, 그딴 거. 술 한 번 먹으면 다 나아."

이런 말들을 듣고 있으면, 자신이 잘못해서 걸린 병 같습니다. 자책을 하게 됩니다. 상처받습니다.

'세상 모두 행복해 보이는데, 왜 나만 이렇게 아픈 걸까?'

이렇게 자신을 탓하게 되고, 자기애가 사라지며, '나 같은 사람은 필요 없어. 그래, 세상에 불필요한 존재니 사라지자.'라는 생각을 하면서 나쁜 선택을 하게 됩니다.

왜 당신에게 이런 일이 벌어진 것일까요? 당신이 정말 나쁜 사람이고 세상에 불필요해서일까요?

우울하면 꼭 드는 생각.

'왜 나야?'

이 물음의 답은 무엇일까요?

제가 찾아낸 답은 이겁니다.

> 당신은
> 착한 사람이기
> 때문입니다.

당신은 '자신'보다 '남'을 먼저 생각하는 사람입니다.

마음이 아플 때, 남을 욕하고, 탓하지 못하고,

'아, 내가 잘못했구나.' 생각하면서, 의기소침해지고 자책합니다.

배신당하고, 피해를 본 건 당신이지만, 당신은 그런 행동을 한 남을 욕하지 못하고, 혼자서 속으로 삭입니다. 참습니다.

'믿은 내 잘못이지.'
'속은 내 잘못이야.'
'내가 어리숙해서 그래.'

이렇게 우울증은 마음이 착한, 선한 사람에게 찾아옵니다.

맨 처음 이야기한

"야, 너 그거 정신력이 약해서 걸리는 거야."라는 말에는 이렇게 답해줍시다.

"야. 넌 나쁜 놈이라서 안 아픈 거야."

말하기 어려우면, 속으로 욕이라도 한 바가지 해줍시다.

우울한 마음이 들면, 자책하지 말고 누군가를 욕해줍시다. 잠시 잠깐, 소중한 나를 지키기 위해 착함은 내려둡시다. 남 탓을 해봅시다.

"배신한 네가 나쁜 놈이야."

"믿었는데 날 속였어? 믿음을 배신한 놈. 신용 불량자나 되어버려라. 너 딱 두고 봐. 내가 너 엿 먹이고 말 거야."

천성이 착하고 선한 우리는 아마 이런 말을 밖으로 잘 내뱉기 힘들 겁니다. 그래도 해봅시다. 안 되면 속으로라도 고함을 쳐봅시다.

우리에게
가장 소중한 것은
바로 '나'입니다.

기억해요, 우리

아픈 건, 당신 탓이 아닙니다.

특이한 사람이 걸리는
그런 병 아닙니다

어느 날, SNS상에서 알게 된 분들을 만났습니다.
 우리의 공통점은 우울증을 겪고 있거나, 겪었거나, 우울증과 관계가 있는 사람이라는 점이었습니다.

 그분들과 만났을 때 제가 처음 느낀 점은 우리 중 누구도 우울증에 걸릴 것처럼 생기지 않았다는 점입니다.

 우울증에 걸릴 것처럼 생긴 사람은 사실, 없습니다.

 누가 봐도 우울증이구나 싶은 분위기를 보이는 사람이 있지만, 그건 우울하다는 분위기가 보이는 것이지,

우울증에 걸릴 것 같이 생긴 건 아닙니다.

이야기를 나누면서, 저의 생각은 더 확고해졌습니다. 우리는 우울증을 이야기했지만, 우울증과 거리가 먼 표정과 분위기로 대화를 나누었고, 공감했습니다. 분명, 누군가가 우리를 멀리서 보고 있다면 그냥,

'아. 친한 사람들끼리 모여서 수다를 떨고 있구나.'라고 생각을 할 것 같았습니다. 우리는 그만큼 평범하고, 밝고 화기애애했습니다. 우울함과는 거리가 있었습니다.

우울증은 멀리 떨어진, 남의 이야기가 아님을 다시 느꼈습니다. 우울증은 평범한 보통 사람들에게 옵니다. 우울증이 오는 대상은 특별하지 않습니다. 특별히 약한 사람도 아니고, 특별히 사회적으로 큰 책임을 지는 사람도 아니며, 특별히 유명한 사람에게만 오는 병이 아닙니다. 남과 달라서 생기는 그런 병이 아닙니다.

그저 아무나, 누구나 걸릴 수 있는 병임을 다시 느꼈습니다.

우울증이 있는 친구에게,
"네가 약해서 그렇다."

"네가 미련하게 구니깐, 그런 병이 오지."
"너는 특별해.", "특이해.", "남들과 달라."
라고 말하지 말아주세요.

그저 그 친구의 이야기를 들어주고, 혼자 있지 않게, 부담되지 않게 살짝 떨어져서 관심을 가지고 지켜봐 주세요. 아플 수 있다고 공감해주세요. 마음으로 응원해주세요.

우울증은 사랑의 힘으로만 치유됩니다. 사랑의 힘으로 자신을 사랑해야 낫습니다. 말로는 쉽지만, 참 어렵습니다. 아프지 않은 사람에게는 너무나도 쉬운 일이겠지만 우울증으로 아픈 사람에게는 쉽지 않은 어려운 일입니다.

그 사람이 자신을 사랑할 수 있도록 옆에서 도와주세요.

> 기억해요, 우리

우울증은 특이한 사람에게 오는 것이 아닙니다.
보통의, 흔한 우리에게 오는 병입니다.
친구에게 힘을 주겠다고, 독려하겠다고
약하다는 말, 특이하다는 말, 다르다는 말을 하지 마세요.
그런 말은 친구를 자기혐오에 빠지게 할 수 있습니다.
그저 옆에서 지켜봐 주세요.

나는 우울증입니다
당당하게 외치자

아직 세상은 우울증을 삐딱하게 바라봅니다. 모자란 사람, 정신력이 약한 사람이 걸린 병으로 치부합니다. 저는 이 인식을 바꾸고자, 제 우울증 이력을 숨기지 않습니다. 우울증을 앓고 있었을 때도, 저는 "저 우울증입니다."라고 이야기하고 다녔습니다. 우려하는 분들도 많았습니다. 실제로 우울증 전후로 저를 바라보는 시선이 달라진 분들이 많습니다. 하지만, 저는 계속 저의 우울증을 이야기하고 다닙니다.

저 같은 보통의 사람도 걸리는 병이라고, 그 병으로 인해 사람을 이상하게 보지 말아달라고 말합니다.

저는 국가 공인 보통 사람입니다. 장교로 복무하며, 심신에 있어 결격 사유가 없음을 검증받았습니다. 장교 복무 중에는 리더십 교관을 하면서, 장병들의 정신 교육을 맡았고, 자살 사고가 만연하던 사단을 자살 사고 0건으로 만든 공로로 표창도 받았습니다. 자살 방지에 앞장서던 제가 자살 시도를 두 번 했다는 사실이 좀 아이러니합니다.

고향을 홀로 떠나와서 나름 집도 있고, 직업도 있고, 행복한 삶을 살고 있습니다. 딸이 둘이나 있습니다. 제게 가장 중요한 자산이죠. 부모님께 손 벌리지 않고, 4인 가정을 이루며 잘 살고 있습니다. 이렇게 저는 대한민국의 흔한 '보통 사람'입니다.

이제는 안정적으로 어떻게든 두 자녀를 잘 키울 수 있겠다고 생각한 그 순간, 저에게 우울증이 왔습니다. 지금 다시 돌이켜 보니 명확한 원인이 없었던, 이유 모를 아픔이었습니다.

어디선가 유명 의사이신 이국종 교수님이 우울증을 극복했던 법을 봤습니다. 그분이 말씀하신 우울증의 극복 방법보다 '아, 이런 분도 걸리는 병이구나.' 하는 생각이 먼저 떠올랐습니다.

신문지상에서 언급되는 우울증은 대부분 유명인들의 이야기입니다. 연예인, 방송인, 유명 교수, 작가, 예술가…. 수많은 사람들의 관심을 받고 사는 사람들이 우울증으로 고생하는 이야기가 기사로 언급됩니다. 누가 봐도 '잘난', '성공한', '유명한' 사람들이 우울증으로 힘들어하고 고생하는 것을 보면서, 정작 가까이 있는 사람들의 우울증에는 약하다, 못났다, 의지가 부족하다고 말하는 것은 논리에 맞지 않고, 일관성이 없습니다.

  그렇습니다. 우울증에 걸려서 힘들어한다고 우리가 약하고, 부족한 것은 아닙니다. 그러니 당당하게 말하세요. 나는 지금 아프고, 치료 중이다. 나는 어딘가 부족한 사람이 아니며, 약한 사람도 아니다. 색안경을 끼고 보지 말아달라고, 세상에 '당당하게' 이야기합시다.

> **기억해요, 우리**

주변의 우울증 환자를 삐뚤어진 시선으로 보지 말아주세요. 우울증은 유명한, 성공한, 잘난 사람에게서도 나타납니다. 당당하게 밝히세요. 우울증이 있다고 숨길 필요는 없습니다. 감기 걸려서 병원에 가듯, 우울증으로 정신과를 다닐 수 있어야 합니다.

이유 없는
우울증

우울함이 기본적으로 깔려 있어야, 우울증입니다. 그런데 우울증을 앓는 분들 중에 이런 사람들이 있을 수 있습니다.

"특별히 무슨 큰 사건이나, 이유가 있지 않은데, 우울증이 왔습니다."

저 역시, 돌이켜 보면 '그때, 왜 그리 아팠지? 특별한 사건이 있었나?' 하는 생각이 듭니다. 시간이 지나면서, 그때의 잔여 감정이 풍화되어 사라진 탓도 있지만, 친족의 사망, 사랑하는 연인과의 이별, 감당하기 어려운 경제적 어려움 등의 큰 사건은 없었습니다. 그저 그동안 느끼지 못했던 작은 실패가 스노볼처럼 크게 부풀려져서 우울함을 느끼고, 그것이 우울증이 되었습니다. 저처럼 별일이 아닌 일에서 우울증이 시작되어 아파오는 사람들, 그 사람들을 살펴보고자 합니다.

앞서, 우울증은 '의존'하던 것의 '상실'이라고 말씀드렸습니다. 믿었던 사람의 배신, 연인과의 이별로 인한 상실감. 인간관계에서 오는 상실감. 경제적인 이유 등등의 여러 형태의 상실로 인해 우울증은 찾아옵니다. 보통은 어떠한 사건(이별, 사망, 사기, 투자의 실패 등)에서 이런 '상실'이 발생하지만, 명확하게 알 수 없는 내부적인 원인으로 오는 경우도 있습니다.

차근차근 누적되어 온 '학습된 무기력', 목표를 달성한 뒤 오는 평안함 속의 '공허함' 등, 특정 시점에서, 특정한 원인 없이 만성적인 양상을 보이며 우울증이 오기도 합니다. 어찌 보면, 특별한 사건이 없는 '자존감'의 '상실'로 볼 수 있겠습니다.

주로 이러한 만성적인 우울증은 중년층에서 보입니다.

50대 중년층의 분들이, "잠이 안 와요.", "피곤해요.", "만사가 귀찮습니다.", "식욕이 없습니다."라고 하면서 이유를 모르는 우울함에 빠져 있다면, 우울증일 가능성이 높습니다.

치열하게 살아오던 날들을 지나, 이제는 더 노력해 봐도 변화가 찾아오기에는 늦은 것 같은 나이, 삶에 여유가 생기면서 그동안 그 위치에 오르기까지 달려온 피로도가 심리적으로 강하게 작용하며, 우울증이 갑자기 심하게 몰려올 수 있습니다. 그게 주로 50대 중년의 영역이었습니다.

특히 우리 어머니들은 갱년기가 오게 되면 심리적으로, 신체적으로 모두 중심이 흔들리면서 우울증에 노출되기 쉬워집니다. 이전에는 자녀의 양육이라는 짐 때문에 아픔도 모르고 살다가, 자녀들이 결혼하여 분가하면 그 짐에서 해방되면서 그제야 아픔을 인지하게 됩니다. 갑자기 몰려오는 아픔에 우리의 어머니들은 준비도 없이 우울증에 빠지게 됩니다.

그래서 결혼하고 나면 부모님께 잘해야 됩니다. 부모

님의 아픔에 대해서 아무 준비도 없이 있다가, 나중에 부모님께서 아프고 나서야 "왜 미련하게 혼자 아프고 있어?!"라고 화내봤자 의미가 없을 수도 있습니다. 저도 제가 아프고 나서야, 어머니의 아픔을 알 수 있었습니다. 갱년기에 드신 부모님, 자녀들이 모두 결혼하여 집을 떠난 부모님이 있으시면 더 잘해드립시다.

사실, 우울증은 나이 드신 분들만의 문제가 아닙니다. 제일 우려되는 연령대는 바로 30대 이하의 세대들입니다.

20-30대 젊은 분들이 만성적인 자존감 상실 상태로 오래 힘들어하며, 우울증에 빠지고 있습니다. 분명 사회적인 문제가 존재합니다. 예전처럼 학업을 마친 것만으로는 바로 사회의 일선으로 나가지 못하고 있습니다. 좋은 학교로 진학하겠다고 노력해왔는데, 좋은 직장에 가기 위해서 또 노력합니다. 노력으로 가능한 영역이면 다행입니다. 그리 노력을 해도 쉽게 되지 않습니다. 긴 세월을 보냅니다. 그 긴 시간 동안, 외부의 공격으로 자존감은 깎여 나갑니다. 점점 무기력이 학습됩니다.

취업에 성공해도 끝이 아닙니다. 남들 다 한다고 하는

결혼. 사랑하는 사람이 있다고 해서 끝나는 문제가 아닙니다. 결혼, 현실이 맞습니다. 그저 연애처럼 미래 없이 신나게 노는 것으로 끝이 아닙니다. 최소한 의식주는 해결이 되어야 한 가정이 시작될 수 있습니다. 주거의 문제는 쉽게 해결할 수 있는 문제가 아닙니다. 도움이 필요한 큰 문제입니다. 주거 문제가 끝나도 그 뒤 출산, 양육의 문제가 이어집니다. 학습된 무기력함 속에서 예상되는 이런 문제점을 생각하면, 극복의 의지보다는 포기하고 싶은 마음이 앞섭니다. 출산을 포기하는 딩크족(Double Income, No Kids)이 생기고, 비혼주의가 확산됩니다. 비혼 출산을 한 방송인 '사유리'씨의 이야기가 공감받는 것도, 이러한 사회 현상이 하나의 이유라고 볼 수 있습니다. (사유리씨의 비혼 출산을 비판하지 않습니다. 어떠한 형태로라도, 아이를 낳아서 키우겠다는 그 생각에 저는 공감합니다.) 젊은 층의 이러한 어려움은 모르고, 기성세대는 이렇게 말합니다.

"우리는 더 힘들었어도 다 했어!"

이러한 상황에서 20-30대 분들에게 우울증이 오지 않으려면, 학습된 무기력에서 벗어나려면, "자신을 사랑해야 합니다."라고 말하기가 참 어렵습니다. 사회적 문제가 크게 자리 잡고 있기 때문입니다. 구조적인 문제가 해결되지 않는 이상, 쉽게 이 문제에서 벗어날 수 없습니다.

10대 청소년들도 우울증에 노출되어 있습니다. 10대 초반 청소년 우울증도 우려되는 수준입니다. 20-30대 젊은 층의 문제를 알고 있는 젊은 부모들은 아직 어린 자녀에게 그런 어려움을 대물림하기 싫은 마음에, 자녀에게 자녀가 감당하기 어려운 짐을 지우기 시작합니다.

"이걸 해내야 너는 이 사회에서 살아남을 수 있어."

"나도 이렇게 해서 지금 이 정도 위치에 왔어. 내 자식인 네가, 나도 해낸 것을 못할 리 없어!"

아이들은 사랑과 관심 속에서 성장하는 것이 아니라, 부모의 기대와 부담 속에서 성장하게 되고, 아이들은 어린 나이에 마음의 아픔을 지속적으로 받고 자라게 됩니다. 부모는 이해하지 못합니다. 자신이 봤거나, 해냈던 것이기 때문입니다.

사회는 변합니다. 변하는 사회 속에서 어쩌면, 가장 어리석은 말일지도 모릅니다.

"우리 때는 다 했어."

"내가 해봤어."

"이렇게 해야 되는 것이야."

청소년들에게 필요한 것은 사랑과 관심입니다. 몸은 풍족한 사회 덕분에 어른처럼 컸어도, 마음은 아직 어리다는 것을 알아주셨으면 합니다.

기억해요, 우리

1. 특별한 이유 없이도 우울증은 올 수 있습니다.

2. 오랜 시간 '학습된 무기력'은 '자존감'의 '상실'을 부릅니다. 이 상실감으로 인해 우울증이 올 수 있습니다.

3. 중년의 공허함도 우울증의 주 원인입니다. 부모님께 관심을 가져주세요.

4. 20-30대도 사회적 문제로 인한 '학습된 무기력'에 노출되어 있습니다.

5. 10대의 청소년 우울증도 우려할 수준입니다. 자녀에게 자신의 믿음을 강요하고 있는 건 아닌지, 생각해봐주세요.

6. 우울증의 가장 좋은 해답은 역시 '자기애'입니다. '자신을 사랑하는 마음'은 가장 효과가 좋은 '우울증 치료제'입니다.

우울증은 정신과학의 측면에서 치료 받아야 합니다.
정신과악을 _l서 비과학적인 사이비라고 생각하시면 안 됩니다.
정신과학은 나날이, 내면의 문제를
의학의 개념에서 해결할 수 있도록 발전하고 있습니다.
정신과학의 측면에서 본 우울증의 이야기를
여기에서 해보려고 합니다.
비전문가지만, 전문가의 의견을 공부하며 적은 글입니다.

우울증.
부적, 술, 담배, 굿으로 이겨낼 수 있는 것이 아닙니다.
우울증도 과학의 힘이 필요합니다.

II.
우울증과
과학

굿판으로는 우울증을 치유할 수 없습니다.

정신과 가기를 두렵게 하는 것들

 우울증으로 정신과 진료를 받을 때, 대부분의 사람들이 가장 두려워하는 것이 있습니다.

 "우울증 진료 기록이 남지 않을까요?"

 "정신과 다녀오면 보험 가입이 안 된다고 하던데?"

 먼저, 우울증 진료 기록은 남습니다. 하지만, 그 기록은 정신과 주치의만 확인할 수 있습니다.

 진료 기록은 암호화되어 기록되며, 일반 기업에서 그 기록을 열람할 수 없습니다. 사법 기관의 영장이 있어야 열람이 가능합니다.

 그래서 가끔, 보험 회사에서 가입자의 위임장을 들고

와서 열람을 요청하는 경우도 있다고 합니다.

대체로 정신과에서는 위임장을 들고 오더라도 열람을 허락하지 않는 추세지만, 보험 회사에서 요청한다고 해서 위임장을 막 써주는 것은 위험한 일이니, 알아두시면 좋을 것 같습니다.

보험 가입의 경우에는 여러 가지 문제가 있습니다.

확실한 것은, 정신과 진료 기록을 이유로 보험 가입을 거부할 수는 없습니다.

문제가 되는 경우는 대체로 보험 가입 시 고지의 의무를 지키지 않을 경우입니다.

보험 가입 시에는 고지의 의무가 있습니다. 7일 이내의 진료 기록 혹은 30일 이상 약을 복용한 기록이 5년 내에 있을 경우, 이를 고지하게 되어 있습니다.

이는 정신과에만 적용되는 것이 아니라, 다른 질병도 마찬가지입니다.

단순 상담만으로는 기록을 열람할 수도 없고, 고지하지 않아도 관계가 없습니다.

다만 정신과 진료의 경우, 대개 약을 복용해야 하는

경우가 많고, 복용 기간이 긴 편이기에 고지의 의무에 적용되는 경우가 많습니다.

2010년 대한신경정신의학회에서는 '민간 보험 가입에 차별 받는 환자에 대한 대책'으로 아래 10가지 사항을 권고했습니다.

1) 정신 질환을 앓고 있다는 이유만으로 보험 가입에 차별받지는 않습니다. (다만, 심각한 신체 질환에서 보험 가입이 거절되는 경우와 유사한 이유로 보험 가입이 제한되는 경우는 있습니다.)

2) 정신과 치료 경력을 숨기지 마십시오. (고지 의무 위반으로 오히려 손해를 볼 수 있습니다.)

3) 가입하려는 보험 상품의 명칭과 보험 회사를 명확히 확인해 놓으시고, 보험 모집원 등의 명함을 받아 놓으십시오.

4) 단순히 정신 질환을 앓고 있다는 이유만으로 보험 가입이 거절될 경우에는, 본 안내문의 내용을 모집원에게 읽어 주십시오.

5) 보험 모집원이 보험 가입을 거절하는 경우, 가입이 제한되는 이유를 문서로 작성해 줄 것을 요구하십시오.

6) 보험 모집원의 판단에 의한 가입 제한이 아니라, 보험 회사의 공식적인 가입 심사를 받게 해 줄 것을 요구하십시오.

7) 보험 회사에서 공식적인 가입 거절 이유를 밝히기를 거부할 때에는, 환자 혹은 보호자께서 직접 그 내용을 문서로 남기십시오.

8) 뚜렷한 이유 없이 가입이 거절되는 경우 감독 기관에 민원(진정)을 하시거나, 분쟁 상담을 하십시오.

9) 보험 상품과 보험 회사에 따라 가입 기준에 차이가 있을 수 있습니다. 다른 상품이나 다른 회사의 상품에 가입하는 것도 고려해 보십시오.

10) 보다 구체적인 문의 사항이 있으신 경우 담당 주치의 선생님과 상의하십시오.

취업에서의 불이익을 걱정하시기도 합니다. 하지만 앞에 이야기한 것처럼, 개인의 진료 기록은 암호화되어 주치의만 열람할 수 있습니다.

"누구는 정신과 진료 이력이 나와서 취업이 취소됐다더라."라는 괴담은 대부분 다른 이유로 채용이 취소된 것이 와전되는 경우입니다. 어떤 대기업도 진료 기록을 열람할 수 없습니다.

그러니 마음의 병이 있을 때는 다른 병과 마찬가지로, 병원을 먼저 찾아갑시다.

우울증 DNA
- 가족력

우울증을 이야기하면서 빠질 수 없는 이야기입니다. 바로 가족력입니다.

우울증으로 정신과 상담을 하면, 의사 선생님께서는 꼭 가정사에 대해서 물어보십니다.

어릴 적, 성장 과정에서 트라우마 요소나 그 밖의 정신 질환에 대한 '가족력'이 있는지 확인을 하기 위함입니다.

우울증은 개인의 감정의 영역이라 유전적 요인과는 관계가 없을 것 같지만, 가족력이 크게 작용하는 병입니다.

가족 중에 우울증 환자가 있다면, 가정 분위기가 우울증에 쉽게 노출될 수밖에 없는 환경으로 만들어질 가능성이 높습니다.

특히, 자살을 한 가족 또는 혈연이 있는 경우, 우울함을 죽음과 연결 지어 생각할 가능성이 일반적인 사람들에 비해 월등히 높아집니다.

저도 우울증의 가족력이 있습니다. 혈연 중에 자살한 친지도 있습니다.

의사 선생님은 가족력을 이유로 저에게 1년 이상의 치료 기간이 필요하다고 하셨습니다.

베이비 붐 끝자락인 60년대 생의 부모님, 특히 어머니를 두신 분들은 우울증에 조심하셔야 합니다.

급격한 사회·경제 발전 속에서, 우리의 어머니들은 가사 노동을 통해 가계 발전에 이바지해 왔습니다. 아버지들이 경제 발전의 환경을 피부로 느끼며 생활한 것에 반해, 어머니들은 그렇지 못했습니다.

어머니 아버지 둘 중 누가 더 많이 희생했느냐의 개념이 아닙니다.

피부로 느끼느냐 못 느끼느냐, 그 미묘한 차이로 인해 우리 어머니들은 우울증에 더 노출될 수밖에 없었습니다. 외부와 단절된 공간에서 홀로 스트레스를 이겨내야만 했기 때문입니다. 사회 분위기까지 한몫하여, 사실상 어머니들은 우울증에 방치되어 왔습니다. 치료받지 못해 왔습니다. 그런 어머니들의 입장으로 인해, 드러나지 않은 우울증 가족력이 여기저기 흔하게 발견되고 있습니다.

우울증에서 가족력은 중요한 문제입니다. 정신과 상담 시 반드시, 꼭! 의사 선생님께 전달하여야 할 요소입니다. 의사 선생님이 가족력을 인지한 상태에서 치료를 받으시기를 강권합니다.

> 기억해요, 우리

우울증은 유전적, 환경적 요인으로 인해, 가족력의 영향이 큽니다.

숨어 있는 우울증 환자가 많습니다.

특히 우리의 어머니들에서 숨겨진 우울증이 흔하게 발견됩니다. 어머니의 우울증을 확인해보세요.

가족력을 인지하고 있다면, 상담 시 정신과 의사 선생님께 꼭 전달해주세요.

가족력이 있으면, 치료 기간이 길어질 수 있습니다. 그만큼 재발의 가능성이 높기 때문입니다.

믿으세요, 정신과

 우울증에 대해서 상담을 요청하는 분이 있으면, 저는 먼저 정신과 상담을 권합니다. 저보다 더 전문가인 분과 상담하길 권하는 것이지만, 대개 정신과 상담을 꺼리십니다. 아직 사회에서 정신과는 불신의 영역인가 봅니다.
 저도 정신과에 대해서 불신감이 있었던 적이 있습니다. 소대장으로 군 복무를 하면서 만난 의무 중대장님 때문이었습니다. 의무 중대장님은 정신과 전공이셨습니다. 특유의 나긋나긋한 말투는 장교와는 맞지 않는 분처럼 느껴지기도 했습니다. 하루는 심한 두통을 호소하는 소대원을 의무 중대로 보냈습니다. 의무 중대장님의 연

락이 옵니다. 특유의 목소리로 저에게 처방전(?)을 전달해주셨습니다.

"소대장님, 그 병사 데리고 주말에 외출하셔서, 사우나 갔다 오시고 자장면 한 그릇 사서 먹이세요."

종종 소대원들을 데리고 외출을 다녀 오는 편이라, 처방전에 따른 조치를 할 수는 있었지만, 심상치 않은 처방에 당혹스러웠습니다.

그 뒤로도 다리가 아파서 보낸 병사, 몸살로 보낸 병사 등 병사들이 어디가 아파서 보낼 때마다, 의무 중대장님은 외출, 사우나, PC방, 자장면 처방을 내려 주셨습니다. 왜 외상의 치료에 내상의 치료법을 쓰시는지 불신만 쌓였지만, 현대의 정신과학 수준은 제 군 시절 이상으로 발전에 발전을 거듭해왔습니다.

제가 정신과에 처음 갔을 때, 각종 질문이 쓰여 있는 상담지와 중환자실에서나 볼 수 있던 거대 장비들이 저의 정신 건강을 체크했습니다. 손가락과 몸에 패치를 붙이는 것으로도 정신 건강의 상태가 파악된다니…. 정신과학의 발전 수준이 높아져 있음을 느꼈습니다.

정신은 신체와 달라서, 몸을 열어서 눈으로 확인할 수 없습니다.

다리가 아프면 다리를 X-Ray로 찍어서 확인하고, 피부를 절개해서 수술로 치료를 하거나, 약을 바릅니다. 눈으로 보이는 행동을 하기 때문에 믿음이 갑니다.

정신은 보이지 않아서, 마음을 치료한다는 것에 믿음이 안 가기 마련입니다. 제가 의무 중대장님에게 불신의 눈을 보낸 것처럼 말입니다.

그래서 정신과에서는 보이지 않는 것을 보이게 하기 위한 노력을 해왔습니다.

설문지를 통해서 저의 마음속 트라우마나 생각을 글로 확인합니다. 장비를 손가락에 끼우고, 패치를 붙이며 스트레스에 대한 대응력, 내구성, 정신적 건강 상태 등을 확인합니다.

저는 특별한 트라우마는 없었습니다. 장비로 측정한 스트레스에 대한 저항력, 반응력은 우수한 수준이었습니다. 다만 현재 상태가 스트레스 포화 상태라, 대응할 체력이 부족한 상태임을 수치로 확인할 수 있었습니다.

숫자와 그림으로 된 자료를 눈으로 보며 설명을 들으니, 나을 수 있겠다는 희망이 생겼습니다. 스트레스에 대응하는 체력의 소진 상태만 개선하면 좋아질 것이라는 믿음도 생겼죠.

단순히 막연하게, '내가 왜 이렇지?'에서 '아, 내가 이런 상태구나.'라는 생각으로 전환이 되었습니다. 별것 아닌 것 같지만, 내가 이런 상태인 이유를 아는 것과 모르는 것은 큰 차이가 있습니다.

이후, 상담을 통해서 정신 건강을 차츰 회복하기 시작했습니다.

일반적인 내과 같은 약 처방전도 받았습니다. 주로 연령대가 높으신 분들은 큰일 나는 줄 아는 이 약은 마약 같은 효과는 없습니다. 정신을 착란시키는 마약과 달리, 세포 간의 정보 전달을 둔화시키거나, 호르몬 생성을 돕는 정도의 효과를 가지고 있습니다. 저의 경우, 강한 스트레스로 인한 거식증 예방과 불면증을 해결해 줄 약한 수면제, 감정 전달을 느리게 해주는 약을 처방 받았습니다. 일반적으로, 감정 전달에 관한 약은 약효가 세포에 작용하기까지 2주 정도의 시간을 가집니다.

약효가 세포에 작용하기까지 걸리는 시간 2주와 상담을 통해 치유하는 시간, 약을 끊어내기 위한 적응 기간을 포함하면, 정신 건강을 회복하는 데는 최소 2~3개월이 필요하다고 봐야 할 것입니다.

눈으로 보고, 째고, 봉합하고, 치료하는 수술에 비해서 정신 건강의 치료는 대체로 긴 시간을 요하는 싸움이 되기 쉽습니다. 그래서 주변에 비밀을 유지하기 쉽지 않습니다. 저는 과감하게 회사 동료들에게 알렸습니다.

"제 정신 건강이 좋지 않습니다. 치료 중이지만, 시간이 필요합니다. 양해 부탁드립니다."

모든 우울증을 겪고 계신 분들께, "주변에 알리세요!"라고 말할 수는 없습니다. 우울증이 치명적으로 작용하는 직업도 있을 수 있고, 아직 사회에서 우울증에 대한 인식이 좋지 않은 것도 사실이며, 각자의 상황이 다르기 때문입니다.

저는 주변에 알려서 제 치료 기간을 미리 확보했습니다. 쉽게 치료하기 어렵기 때문에, 치료 기간을 미리 확보할 필요는 있습니다.

기억해요, 우리

1. 정신과학은 발전해왔습니다. 이제는 과학이며, 의학입니다. 불신을 걷어내고, 믿으세요.

2. 치료는 오랜 기간이 필요합니다. 최소한 완치까지 2~3개월의 시간이 필요합니다. 더 길어질 수 있습니다. 시간을 미리 확보하는 방법을 모색하면, 도움이 됩니다. (저는 주변에 알려서 치료 기간을 확보했습니다.)

3. 정신과 상담과 분석을 통해, 우울증의 원인과 정신건강 상태를 파악할 수 있습니다. 알고 치료받는 것과 모르고 치료받는 것은 분명 차이가 있습니다.

공포와 불안

우울증이 있으신 분들과 함께하는 감정이 있습니다. 바로 공포와 불안입니다. 공포와 불안은 우울증을 앓는 분들에게는 친구와 같은 감정입니다. 그런데 이 두 감정은 언뜻 비슷한 것 같지만, 큰 차이가 있습니다. 우울증 극복에 중요한 정의이기 때문에 꼭 알아야 하는, 도움이 되는 지식입니다.

아래의 사례를 보고 어느 것이 공포인지 찾아보세요.

1. 귀신의 집에서 귀신을 봤다.

2. 귀신의 집에 들어가기 전, 표를 샀는데 벌써 무섭다.

3. 연말정산 실수로, 전월보다 급여가 100만 원이 적게 찍힌 것을 봤다.

4. 카드 값 청구일이 다가온다.

정답은 1, 3번입니다. 1, 3번은 공포, 2, 4번은 불안입니다. 차이를 아시겠나요?

둘의 중요한 차이점은 '당면했는가'입니다. 공포는 당면한 두려움입니다. 반면 불안은 아직 당면하지 않은 두려움입니다. 아직 만나지 않았지만, 만날 것 같은 두려움입니다. 특히 우울증이 있으신 분들이 자주 느끼게 되는 것이 '불안'입니다.

우울증은 대부분 '불안'에서 시작됩니다. 저 역시 '불안'의 감정에서 우울증이 시작되었습니다. 고생 끝에 직장에서 진급까지 했지만, 그 뒤에는 인정받지 못할 것 같다는 두려움, 아직 현실로 다가오지 않은 두려움을 느꼈고, 그 극심한 불안감은 극단적 선택까지 연결이 되었습니다. 정신과를 다니면서 상담과 약물 치료를 통해 불안감은 점차 해소되었습니다.

《마음을 치료합니다, 정신과》라는 책에서는 이 불안과 우울증의 관계를 '아인슈페너'에 비유했습니다. '비엔나 커피'라고도 불리는 이 커피는 오스트리아 빈에서 유행했습니다. 마부들이 주로 마시던 커피로, 진한 아메리카노 위에 휘핑크림, 달달한 설탕과 시럽을 얹어 마시던 음료입니다. 크림의 달콤함이 걷히고 나면, 비로소 쓰디쓴 커피를 마시게 됩니다.

불안감이 걷히고 나면, 그 아래 우울함이 보이기 시작합니다. 그리고 착각에 빠지게 됩니다.

'분명 나는 나아지고 있었는데, 다시 우울함이 왔어. 나는 평생 이렇게 살 수밖에 없는 걸까? 이러면 사는 의미가 뭘까?'

절망감이 오고, 또다시, 극단적인 선택을 하게 됩니다.

사실은 불안감이 해소된, 이전보다 개선된 상황이지만 눈에 보이지 않던 우울함의 아픔이 느껴지면서, 나아지지 않았다고 착각을 하게 됩니다. 아인슈페너의 아래 깔린 커피처럼 혀끝에 갑자기 느껴지는 쓴맛에 당황하게 되는 것입니다.

치료 중 이런 느낌이 드신다면, 당황하지 말고 정신과

에 전화를 걸어서 이야기하세요. 저는 당황해서, 두 번째로 자살을 시도했습니다. 이 글을 읽는 독자분들은 그러지 않았으면 좋겠습니다.

기억해요, 우리

1. 공포는 당면한 것에 대한 두려움입니다.

2. 불안은 현재 당면하고 있지는 않지만 곧 당면하게 될 것 같아 생기는 두려움입니다.

3. 우울함은 불안과 밀접한 관계가 있습니다. 둘은 보통 함께 찾아오며, 정신과 치료에서는 불안을 먼저 해소하는 치료를 합니다.

4. 불안이 제거되면, 우울함이 숨어 있다가 나타납니다. 이때, 치료가 잘못된 것 같다는 생각, 혹은 다시 나빠졌다는 생각은 금물입니다. 불안을 치료했기 때문에 좋아진 상황입니다. 혼자 오해하고 아파하기보다는, 정신과를 다시 찾아가시거나 의사 선생님과 유선으로라도 상담받기를 권합니다.

누구나
한계는 있다

제가 처음 정신과에 갔을 때, 의사 선생님께 이렇게 말했습니다.

"선생님. 저는 정말 참을성이 좋습니다. 저는 한계가 없는 줄 알았습니다. 누가 뭐라고 해도 전 정말 바다처럼 넓은 마음을 가진 사람이라고 생각했습니다. 그런데, 아닌 것 같습니다."

선생님은 피식 웃으시면서 말씀하셨습니다.

"그런 사람은 없습니다. 크기가 다를 뿐, 우리 모두 다 똑같은 한계가 있는 그릇입니다."

감정은 쉽게 사라지지 않는다고 합니다. 기억이 나지 않는 것이지, 마음속 어딘가에 남아있다고 합니다.

좋지 않은 감정을 내 마음의 땅속에 묻어두면, 바람이 불어 깎이고, 내리는 비에 씻겨 언젠가는 다시 나타나게 됩니다.

그 감정이 분해되어 소멸되지 않는다면 말입니다.

저는 많은 감정을 땅속에 묻어뒀을 뿐이었습니다. 저는 제 인지 범위보다 조금 더 넓은 그릇이었을 뿐, 무한한 그릇은 아니었습니다. 무슨 자신감으로 그렇게 스스로를 과대평가해왔는지 모르겠습니다.

어느 순간, 스트레스가 저의 그릇이 수용할 수 있는 범위를 넘었고, 그제서야 땅속에서 썩어가던 제 감정이 악취를 뿜어내며 나타났습니다.

누구나 감정의 그릇이 있습니다. 그리고 그 그릇의 크기는 무한하지 않습니다. 유한한 그릇을 잘 유지하려면, 감정을 잘 표출하여 밖으로 내뱉어야 합니다.

어릴 적에 들어본 이야기 하나 해드리겠습니다.

황희 정승의 이야기입니다.

두 노비가 황희 정승에게 달려가 서로를 비난합니다.

"대감. 저 노비는 정말 나쁜 놈입니다요."

자초지종을 들은 황희 정승은

"그렇구나. 네 말이 맞구나."라고 했습니다.

그러자 다른 노비가 자신의 이야기를 합니다.

"억울합니다. 실은 저 노비가 나쁜 놈입니다."

듣고 난 황희 정승이 말합니다.

"그렇구나. 네 말도 맞구나."

옆에서 듣고 있던, 시종장이 말합니다.

"대감. 둘 다 맞다고 하시면, 누가 나쁜 노비란 말입니까?"

그러자 황희 정승이 웃으며 말합니다.

"껄껄. 그래 듣고 보니 네 말도 맞구나."

두 노비는 자신의 주장을 통해 스트레스를 황희 정승에게 전가했습니다. 시종장은 두 노비의 이야기를 듣고 결론이 나지 않아 답답한 마음을 황희 정승에게 누구 잘못이냐고 되물으며, 스트레스를 일부 황희 정승에게 전가합니다. 그런데 황희 정승은 전가할 곳이 없습니다. 제가 황희 정승과 닮았다고 생각을 했습니다. 이런 사람들은 포용력이 큰 편인 대신, 우유부단하기 쉽습니다. 포용력이 큰 편이라, 화를 받아낼 수 있는 그릇도 큰 편입니다. 다만 누군가에게 화를 전달하는 스타일이 아니기 때문에 큰 포용력에도 불구하고, 스트레스가 그 그릇을 넘게 되는 경우 속수무책입니다.

황희 정승이 한쪽 편을 들었다면, 나머지 한쪽에게 스트레스를 전가할 수 있었을 겁니다. 하지만, 황희 정승은 그러지 않았습니다. 아마 받은 그 스트레스는 고스란히 자신에게 묻어뒀을 겁니다. 그런데, 우리는 황희 정승이 아닙니다. 그런 위인과는 동떨어져 있으니, 우리는 화가 나는 상황에서는 화를 내는 것이 효과적입니다.

기억해요, 우리

우리 감정의 그릇은 유한합니다.

무한한 그릇을 가진 사람은 없습니다.

감정을 표출하지 않고 묻어두면,

언젠가는 그 감정이 다시 악취를 뿜어내며 나타납니다.

쉽게 없어지지 않는 감정의 쓰레기는,

묻어두기보다는 표출하여 버리는 편이 좋습니다.

그릇의 크기보다, 화를 전가하는지가 중요합니다.

우리는 황희 정승이 아니니,

화를 내야 하는 상황에서는 화를 냅시다.

봄이 오고, 우울해졌다

저는 봄을 타는 남자입니다.

봄이 되면, 기분이 싱숭생숭합니다.

날이 따뜻해지면 꼭 2020년 봄 그때처럼, 가슴이 두근거리고, 답답합니다.

계절이 바뀌면서 우울함을 느끼는 분들이 많습니다. 우울함이 아니더라도 소위 계절 탄다고 하는, 기분이 통제가 잘 안 되는 경험은 많은 분들이 해보셨을 겁니다.

보통 남성분들은 가을을 많이 타고, 여성분들은 봄을 많이 탄다고 합니다. 절대적인 것은 아닙니다. 대표적인 남성 호르몬인 '테스토스테론'이 가을에 많이 분비된다고 해서 남자들이 가을을 탄다고 알려졌을 뿐, 절대적이지 않습니다.

계절에 따라 우울함이 영향을 받는 이유는 '멜라토닌' 때문이라고 합니다. 멜라토닌의 분비는 일조량에 따라 좌우되는데, 일조량이 낮은 겨울에 분비가 적어집니다. 또한, 멜라토닌은 수면과 연관이 있어서 겨울에 불면증을 동반한 우울증이 심해지는 이유가 이 호르몬에 있습니다. 일조량이 적은 겨울에는 멜라토닌 분비가 적어져, 수면을 충분히 취하지 못하고, 불면증이 오게 되는 것입니다.

꼭 겨울이 아니더라도 계절에 따라서 멜라토닌의 분비가 변하고, 이는 감정의 변화로 이어져서, 계절이 바뀔 때 감정 변화가 심해진다는 것은 사실입니다. 사람에 따라서 그 계절이 조금씩 다르고, 멜라토닌의 분비 정도가 다르기에 차이는 있습니다.

멜라토닌의 분비 변화에 따른 우울함을 예방하려면 어떻게 해야 할까요? 예방법을 알기 위해, 먼저 왜 계절을 타는지, 왜 저는 봄을 타는지 이유를 먼저 알아봅시다.

제가 봄을 타는 이유, 직장인들이 대체로 봄을 타는 이유일 것입니다. 바로 봄이 오는 새해 초기, 새로운 업무에 치이기 쉽기 때문입니다. 매해 기업들은 신년 초기, 1/4분기에 '으쌰 으쌰' 하면서 일을 벌입니다. 그 벌인 일은 누군가 해야 하는데, 저처럼 착하고, 거절을 못하는(?) 성격의 사람이 주로 그 벌어진 일을 처리하게 됩니다. 기존의 일에 새 일이 더해져서, 업무 과부하가 오게 되고, 생활 패턴이 흔들립니다. 호르몬 변화를 생활 패턴을 통해 제어해야 하는데, 되레 더 흔들리게 됩니다. 이유를 알았으니, 예방법을 알 수 있을 것 같습니다.

가장 좋은 예방법은 일정한 생활 패턴을 유지하는 것입니다.

계절이 변할 때는 생활 패턴, 기상 시간, 식사 시간, 집중해서 업무를 하는 시간 등을 기존대로 유지하려고 노력해야 합니다. 평상시와 같다고 느끼면, 기분의 변화를 최소화할 수 있습니다.

다른 방법은 멜라토닌이 일조량과 관계가 있다는 점을 이용하는 방법입니다. 일조량이 많을수록, 멜라토닌 분비가 많아집니다. 즉, 되도록 많은 야외 활동으로 일조량을 늘리면, 멜라토닌 분비가 많아져서, 기분도, 수면의 질도 좋아집니다.

그래서 저는 기분이 좋지 않으면, 회사 건물 옥상에서 햇볕을 받습니다. 점심 후 가벼운 산책으로 일조량을 늘립니다. 사무실에서 햇빛도 보지 못하고 생활하면, 쉽게 우울증에 빠지게 됩니다.

기억해요, 우리

계절의 변화에 따라 '멜라토닌'의 분비가 변합니다. 멜라토닌은 감정 변화를 담당하는 호르몬입니다.
일정한 생활 패턴을 유지하시면, 계절 변화에 따른 기분의 변화를 최소화할 수 있습니다.
야외 활동을 하세요. 충분한 일조량은 멜라토닌의 분비 증가와 비타민 D 합성 등으로 건강 유지에 도움을 줍니다. 정신 건강도 좋아집니다.

자동 사고

자동 사고.

흔히 우울증에 빠지면 거의 무조건 경험하게 되는 증상입니다.

신체화 장애와 더불어 거의 무조건 경험하는 이 증상은, 자신을 끊임없이 나쁜 사람, 쓸모없는 사람, 가치가 없는 사람으로 만듭니다. 무슨 생각을 하든, 생각의 결론이 자동적으로 그런 방향으로 가기 때문에 '자동 사고'라고 합니다.

대학 수능 시험 이후, 매해 나오는 안타까운 기사가 있습니다.

"수능 성적을 비관하여 자살."

소중한 생명을 버린 이 친구들…. 과연 점수가 얼마나 나빴을까요? 하위 10% 이하의 성적이었을까요? 그럴 수도 있지만, 굉장히 다양한 성적 분포를 보일 것입니다. 서울대에도 갈 수 있을 성적이지만, 자살을 선택하는 학생들도 종종 보입니다.

그러다 보니, 우리는 그 학생들의 처음(성적 비관)과 끝(자살)만을 알고,

'그렇게 비관할 정도가 아닌데 왜 그랬지?' 하면서 이해할 수 없게 됩니다.

그 중간 단계를 한번 알아봅시다. 저도 별것도 아닌 이유로 그런 자동 사고에 빠져 봤으니, 따라가 볼 수 있을 것 같습니다.

자기 기준에서 시험을 못 봄 → 내 인생은 왜 이 모양이지? → 열심히 했는데도 되는 건 하나도 없어. → 뭘 해도 내 인생은 엉망이야. → 난 쓸모가 없는 사람이야. → 살아 봐야 먹고 싸고 세상에 민폐일 뿐인 존재야. → 난 차라리 죽는 게 세상에 도움이 되는 것 같아. → 행동(자살)

시작이 시험일 뿐, 실연의 아픔으로도, 주식을 하다가도, 취업에 실패해도, 농구를 하다가도, 셀카를 찍다가도, 저렇게 '자동 사고'에 빠지게 됩니다.

이해합니다. 아프기 때문입니다. 아픈 사람이기 때문입니다. 자주 언급했지만,

우울증은 마음의 병입니다.

자신이 아픈 환자임을 인지하는 것이 좋습니다.

그리고
아픈 건 '죄'가
아닙니다.

마음의 병에만 이상한 잣대를 대지 마세요.

이런 자동 사고의 악순환….

생각이 꼬리를 물고 이상한 쪽으로만 사고하는 이 악순환을 이해는 하지만, 그렇다고 해서 자동 사고를 계속 이어가도 되는 것은 아닙니다.

자동 사고는 우울증에 전혀 도움이 안 됩니다.

이걸 방치하는 것은 당뇨 환자가 콜라를 벌컥벌컥 마시는 것과 다름이 없습니다. 먹고 싶은 건 이해하지만, 마셔서는 안 됩니다.

어떻게 하면 자동 사고에 빠지지 않을 수 있을까요?

생각해봅시다.

"나는 과연 정말 그렇게
쓸모가 없었나? 아닌 적은 없었나?
나는 정말 그런 사람인가?"

무언가 잘되었던 적은 없나요? 시험을 잘 본 적은? 잘 본 적이 없었다면, 원래 그 점수였습니다. 망친 것도 아니네요.

연인과 행복했던 적은? 행복한 적이 없으면, 잘 헤어진 겁니다. 행복했었다면, 행복한 삶을 살 수 있는 사람인 겁니다.

주식에서 수익이 난 적은?

농구하다가 이상하게 던지는 족족 다 림을 통과한 적은?

자동 사고의 악순환을 끊을 수 있는 질문을 계속 던져줍시다. 그것도 어렵다면, 제가 쓴 방법이 있습니다.

예전부터 하고 싶었던 것, 혹은 안 해본 것 중에서 당장 할 수 있고, 가장 하기 쉬운 것을 하나 해봅시다.

전 안 해본 것 중에서 패러글라이딩을 해봤습니다.

어? 이거 안 해본 건데, 할 줄 아네?

피아노. 안 쳐본 건데, 해보니 되네?

무서운 놀이 기구. 발은 안 떨어졌지만, 타 보니 별거 아니네?

못하는 것만 생각하는 악순환이 아닌, '안 해본 건데, 해보니 되네?'라는 선순환으로 이끌어 내는 방법입니다.

할 수 있습니다.
제가 해봤으니, 누구나 할 수 있음이 증명되었습니다.
연습해봅시다.

뭐든 좋습니다.
가만히 앉아서, 누워서, 자동 사고의 함정에 빠지는 것보다는 용기 있는 한 발, 한 걸음이 당신을 우울함에서 꺼내 줄 것입니다.

우울증
롤러코스터

우울증으로 정신과를 찾아갔고, 상담을 통해서 조금씩 나아지고 있을 때, 갑작스럽게 만나게 되는 감정의 변화. 마치 롤러코스터를 탄 것 같은 그 느낌에 관해서 이야기하려 합니다.

상담을 통해서 마음의 짐을 덜기 시작했고, 저의 정신 건강이 좋아짐을 느끼고 있었습니다. 금방 이겨낼 것 같았습니다. 선생님은 상담을 시작하면, 항상 첫 물음을
"지난번 상담 이후로 어땠었나요?"로 시작하셨습니다. 그리고 저는

"좋았어요. 별 문제 없었고, 회사 생활도 그럭저럭 괜찮았습니다."라고 대답하고는 했습니다.

그런 대화가 2주, 3주 지속되자, 이제 상담이 필요 없을 것 같다는 생각이 들었습니다.

상담이 괜한 돈 낭비 같았죠. 그리고 저는, 상담을 시작하고 한 달이 지난 시점에서 한 번 더 극단적인 선택을 하려 했습니다.

분명 좋아졌는데…. 괜찮아지고 있었는데….

첫 자살을 하려 했던 그날처럼 비가 내리는 어느 날.

저는 점심시간에 한강의 많은 다리 중 한곳에 올랐습니다.

정말 확실하게 죽으려는 생각으로, 약을 과다 복용했습니다. 혹시라도 무의식적으로 수영해서 나올까 봐, 수면제를 과다 복용했습니다.

꿈속 같은 몽롱한 느낌으로 다리를 걸었습니다.

눈앞에 사랑의 전화가 보였습니다.

수화기를 들었습니다. 전화를 누군가가 받았습니다.

수화기 너머 들리는 상담원의 목소리.

"생명의 전화입니다."

뭐라고 했는지 잘 기억이 나지 않습니다. 그만큼 몽롱한 느낌 속에서, 의식과 무의식 사이에서 아슬아슬한 상태에 놓여 있었습니다.

"힘든 일이 있으신가요?"

수화기 속 여성의 목소리에 저는 대답했습니다.

"이상해요…. 분명 혼자가 아닌데… 혼자 같습니다. 전 아이도 둘이나 있고, 결혼도 했는데, 회사에도 믿는 사람이 있고, 멀리 해외에서도 언제나 힘이 되어주는 친구가 있는데… 왜 혼자인 느낌이 들까요?"

수화기 너머의 여자분은 당황한 말투는 아니었지만, 교과서적인 대답을 한 것 같았습니다. 별로 위로는 되지 않았습니다. 하지만 마지막 말만은 위로가 되었습니다.

"너무 힘드시군요."

그냥 위로를 받고 싶었나 봅니다.

위로를 받자마자, 수면제의 강력한 효과에 저는 비를 맞으며 다리 위에 쪼그려 앉아 잠이 들었습니다. 20여 분이 지나 추워서 눈을 떠보니, 점심시간이 끝났습니다. 그 와중에 회사로 복귀를 한 것은 제가 일을 사랑하기 때문이었을 것 같습니다.

점심 때 뜻을 이루지 못한 저는, 오후에 회사 옥상에 올랐습니다. 뛰어내리려 했습니다. 높지는 않지만, 머리부터 떨어지면 가능하지 않을까 생각했습니다.

메모 앱에 유서를 씁니다. 신발을 가지런히 벗어두고, 아이폰의 잠금을 풀어 놓습니다. 난간 위로 올랐습니다. 이제 한 걸음이면… 그때, 제 귀에 들려오는 고함 소리….

"과장님!!!"

동료 덕분에 저는 정신을 차리고, 난간에서 내려와 전화기를 챙겼습니다.

죽을 운명이 아니었나 봅니다. 누가 봐도 죽으려는 사람의 모습이었지만, 아닌 척하면서, 주섬주섬 신발을 신고 사무실로 내려갔습니다.

오후에 급하게 정신과를 찾았습니다.

분명 출근길까지는 문제가 없었는데, 왜 저는 다시 그런 선택을 하려 한 것인지, 도무지 모르겠다는 생각이 들었습니다. 선생님께 흥분한 상태로 말을 했습니다.

"도무지 모르겠습니다. 제가 왜 그랬는지! 이제는 저를 저도 잘 모르겠습니다!"

흥분한 저의 말투와는 달리 선생님은 차분한 목소리로 이야기하셨습니다.

"인간의 감정은 직선이 아닙니다. 오르락내리락… 곡선이죠. 강훈님처럼 좋아지다가 나빠지는 경우가 많습니다. 분명 처음 오셨을 때보다, 지금 더 좋은 상태이지만, 급격히 좋아졌다가, 조금 급하게 나빠지셔서, 그런 느낌을 받는 것입니다. 처음이 '0'이고, '10'까지 올라갔다가, 6만큼 내려와서 4가 된 것입니다. 4면, 0보다는 높은 상황이지만, 10에서 6만큼 내려올 때의 체감은, -2로 내려온 느낌일 겁니다. 그래서 처음보다 나빠졌다고 착각하게 되는 것이죠. 마치 롤러코스터를 타고 있는 그런 느낌인 것입니다."

제 감정의 요동이 이해가 되었습니다.

정말 위험한 경험이었습니다.

약의 용량을 조정하는 처방을 받고 돌아왔습니다. 왜 그렇게 감정이 나쁘게 되었는지, 감정의 파동을 이해하고 나니, 그 뒤의 감정 변화에는 잘 대응을 할 수 있었습니다. 저의 극단적 선택은 그 뒤로는 없었습니다.

감정의 롤러코스터….

치료 중인 분들에게 꼭 알려 드리고 싶은 이야기였습니다.

우울증에 이게 좋다. 저게 좋다.
여러 말을 듣습니다.
그런데 막상 무엇을 해야 할지 모르겠습니다.

우울증을 극복하기까지.
저의 경험을 들려 드릴게요.

III. 우울증 이기는 방법

무언가 해야 극복할 것 같은데,
무엇을 해야 할지 모르는 당신에게.

저는 지하철을 타고 출퇴근을 합니다. 퇴근길 지하철 안내 방송이 나옵니다.

"이번 역은역은, 구로구로구로역입니다입니다니다…"

에코가 심한 정도를 벗어나, 두 번씩 방송이 되고 있었습니다. 그런데 이 소리가 묘하다는 느낌이 듭니다. 마치 마음속에서 울리는 듯합니다.

두 번, 세 번 반복해서 들으니, 마치 제 마음속에서부터 울려 퍼지는 듯한 착각을 합니다.

저는 이 책에서 계속 뻔한 이야기를 할 것입니다.

"자신을 사랑하세요."

"마음의 소리에 귀 기울이세요."

아마 독자님들의 귀에 피가 날지도 모릅니다.
계속 반복해서 할 것입니다.

지루하고 너무 반복되고, 뻔한 이야기라서 하지 말아야 하나 고민했지만, 그럼에도, 계속 멈추지 못하고 반복해서 말하는 이유.

저의 그 '뻔한' 이야기가 독자님의 내면에서부터 울려 퍼지기를 원하기 때문입니다.

들리시나요? 저의 뻔한 이야기?

왜 숨겨야 하죠?

언젠가 회의에서 상무님의 말씀이 기억에 남습니다. "좋은 것만 보여주고, 좋은 내용만 이야기하고, 정작 우리가 고쳐야 할 나쁜 것을 쉬쉬하면서 말하지 않고 숨기면, 그 결과는 끝까지 보지 않아도 뻔합니다. 문제점은 보여줘야 하고, 의논해야 하고, 고쳐야 합니다. 그것이 개선의 길이며, 발전의 길입니다."

우리 사회는 아직도 우울증에 닫혀 있습니다. 우울증으로 힘든 사람들은 주변에 말하기를 꺼립니다.

"나 우울증이야."라는 말을 쉽게 꺼내기에는 아직

세상은 우울증을 색안경 낀 눈으로 보고 있습니다.

그러나 세상은 차츰차츰 변화합니다.

어릴 적, 아버지와 함께 본 세계적 대회의 중계방송. 결승전에서 진 한국 선수를 보는 아버지는, 패배자를 보는 눈이었습니다. 세상은 1등만 알아준다는 당시 광고처럼, 사회는 1등주의, 완전무결의 완벽주의로 가득 찼습니다. 하지만, 지금 중계를 보는 아버지의 눈빛은 그렇지 않습니다. 중요한 것은 금메달의 수에서, 메달의 수로 바뀌었고, 점점 메달을 따지 못한 선수에게도 관심과 응원의 목소리를 전하는 성숙한 사회로 바뀌고 있습니다.

우울증을 바라보는 눈빛도 바뀌고 있습니다. 정신적으로 모자라고 부족한 사람이나 걸리는 병이라는 인식은 많이 사라졌습니다. 우울증을 누구나 걸릴 수 있는 것으로 인식하고, 주변의 지인이 우울증에 걸렸다고 하면, 지인에게 어떤 도움을 줘야 할지 고민하면서 함께 이겨내고 힘이 되어주려는 인식이 확산되고 있습니다.

이런 인식의 전환기에 우리는 더 당당하게 이야기를 해야 합니다. 우울증임을 숨기기보다는 우울하다고 이야기하고, 도움을 요청해야 합니다. 마치 다리를 다쳐서 걷기 힘든 사람을 돕기 위해, 출입문을 열고 잡아 주는 것처럼, 자연스럽게 우울증인 사람을 위해, 위로해주고, 공감해주고, 힘이 되어주는 사회가 되어야 합니다.

그런 사회를 위해서 당당하게 말합시다. 그리고 극복합시다. 극복한 것을 알립시다. 그래서 많은 우울증으로 힘든 사람의 힘이 되어줍시다.

제가 이 글을 쓴 이유. 이 책을 내는 이유처럼….

기억해요, 우리

우리 숨기지 말고 말합시다.
도와달라고 말합시다.

우울증 극복이 어려운 이유
-자신과의 싸움

어릴 적, 할머니의 친구분 집에서 비디오테이프를 빌려 자주 보곤 했습니다.

최고로 재미있게 봤던 것은 「지구방위대 후뢰시맨」입니다. (저는 놀랍게도, 이 시리즈를 3번이나 정주행했습니다.)

여러 에피소드 중에서 기억에 남는 것이 있습니다.

어느 날 악당은 레드 후뢰시의 유전자를 복사해서, 레드 후뢰시와 똑같은 행동, 똑같은 전투력을 가진 괴물을 만들어 냅니다. 레드 후뢰시는 자기 자신과 싸워야 하는 셈입니다.

둘은 해가 지도록 하루 종일 치고받고 싸웁니다. 이대

로면 악당들의 생각대로, 마지막에는 에너지가 다 떨어져서 둘 다 죽게 될 것입니다.

다른 동료들의 도움은, 다른 악당들에 의해 저지됩니다. 방법이 없어 보입니다.

소년 만화물, 히어로 영화에 보면 자주 등장하는 장면입니다.

자기 자신 혹은 자신의 복제품과 끝없는 싸움을 하게 됩니다. 자신을 이기는 것은 어려워 보입니다. 처음에는 자신을 넘을 수 없다는 생각에 절망합니다. 답이 보이지 않습니다.

자기 자신과 똑같은 상대, 혹은 완전히 자기 자신인 상대와의 싸움은, 너무나도 힘들어 보입니다.

우울증이 그렇습니다. 우울증은 자신과의 싸움과 같습니다.

우울증 환자가 치유해야 하는 대상은 다른 병균도, 세포도, 상처도 아닙니다. 온전히 자신의 감정. 자기 자신입니다. 공격하거나 없애야 할 대상이 자신이라는 점이,

우울증의 극복을 더 어렵게 합니다.

마음을 아무리 다잡아 봐도 나의 생각은, 나의 감정은 나를 너무 잘 알아서, 금방 나를 다시 어려움에 빠지게 합니다. 외부의 도움도 쉽지 않습니다. 사회적으로 아직 우울증은 외부에서 쉽게 손을 뻗어줄 수 없습니다. 사회적 인식은 개선되기에 오랜 시간이 걸릴 겁니다. 절망적인 싸움 같습니다.

그렇지만 어떤 영웅도, 후뢰시맨도, 소년 만화의 주인공들도 자기 자신에 의해 쓰러지거나 패배하지 않습니다. 결국에는 승리합니다. 왜냐하면 싸우는 과정에서, 자기 자신을 넘을 방법을 결국에는 찾아내기 때문입니다. 근성으로, 경험으로, 의외의 상황으로….

레드 후뢰시는 돌발적인 상황에서 자신의 복제품이 자신과 다른 행동을 하는 것을 알아냅니다.

갑자기 끼어든 동물을 차마 무시하지 못하고 공격하지 못하는 레드 후뢰시에 의해, 다른 행동이 생겨나고, 다른 결과가 생겨납니다. 레드 후뢰시는 적을 물리칩니다.

레드 후뢰시가 자신의 복제품을 이긴 것은,

자신과 똑같은 적을 맞아 계속 싸운 끈기, 용기, 그리고 싸우다가 발생한 작은 행운 덕분이었습니다.

어쩌면 우리가 우울증을 이기는 방법도, 이와 같을지 모르겠습니다.

우울증과 마주할 수 있는 용기, 시간이 오래 걸려도 싸울 수 있는 끈기, 그리고 이겨내려고 많은 시도 끝에 얻은 작은 행운….

저는 홀로 떠난 여행에서, 그 작은 행운을 만나 극복했습니다. 우울증의 감정에서 해방될 수 있었습니다.

우울증으로 힘든 분들에게 그런 행운이, 그런 끈기가, 그런 용기가 늘 가득했으면 좋겠습니다.

> 마지막에는, 결국,
> 주인공인 내가 이깁니다.

절대 하지 말아야 할 3가지

우울증으로 힘들 때, 이상하게 꼭 하면 안 되는 걸 알면서, 하는 것들이 있습니다. 마치 속이 아플 때 꼭 땡기는 불닭볶음면, 매운 떡볶이처럼 말입니다.

우울증을 극복하는 데 도움이 되지 않고, 절대 하면 안 되는데, 꼭 하고 싶어지는 3가지를 알아보겠습니다.

1) 잦은 음주

마음의 병인 탓일까요? 평소 술을 좋아하지 않던 사람도 우울증이 오면 술을 찾으시는 경우가 있습니다. 저도 술을 안 마시던 사람이었지만, 술을 찾아 마시게 되었습니다. 그러다 보니 주량도 꽤 늘었습니다.

주변의 지인들은 제 마음의 병에 술이 특효약이라고 자주 술자리에 불렀고, 저 역시 힘드니까, 술을 마시고, 잠들고 싶어 했습니다.

자연히 술을 연달아 마시는 일이 잦아졌습니다.

술은 알려진 대로, 자주 마시면 건강에도 좋지 않습니다. 그리고 술은 우울증 치료약과는 상극입니다.

음주는 감정을 격하게 합니다.

세포 간의 감정 교류가 활발해집니다.

우울증의 치료 과정에서, 세포 간의 감정 교류를 늦추는 약을 먹게 되는데, 정반대 효능을 가진 술을 마시면 약효는 중화되어 사라집니다.

금주로 인한 스트레스가 심하다면, 어려울 수도 있습니다. 하지만, 우울증 약효를 사라지게 하는 '술'은 반드시 멀리해야 합니다.

2) 다이어트

우울증으로 발생하기 쉬운 합병증이 있습니다. 불면증과 거식증입니다. 반대로 폭식이 있을 수도 있습니다.

섭식 장애는 우울증과 함께 발현되기 쉬운 병입니다.

저 또한 거식증을 앓은 적이 있습니다. 어느 정도 높은 스트레스에는 폭식을, 제한 수준을 넘은 스트레스에는 거식 증상을 보였습니다. 그리고 무식하게도, 이럴 거면 차라리 다이어트를 하자면서, 탄수화물을 끊었습니다. 2개월 만에 몸무게가 15kg이나 빠졌습니다.

탄수화물을 섭취하면, 췌장은 인슐린을 생산하고, 인슐린은 간과 근육의 아미노산을 혈액으로 내보내는데, 이때, '세로토닌'의 원료가 되는 '트립토판'이 생겨난다고 합니다. 세로토닌은 널리 알려진 대로, 행복 호르몬이라고 합니다. 세로토닌이 생성되면, 기분이 좋아지기 때문입니다.

그러면 탄수화물을 많이 섭취하는 것이 좋은가 하면, 그렇지도 않습니다. 탄수화물 과식은 도리어 문제가 됩니다. 잠깐의 포만감으로 '세로토닌'이 활성화되어 행복할 수 있으나, 소화 과정에서 되레 극심한 감정 기복을 느끼게 됩니다. 탄수화물은 끊어서도 안 되고, 과하게 먹어서도 안 됩니다.

3) 자책

가장 중요한 것입니다.

제가 이 책을 통해 '사랑', '따뜻한 마음'을 전하고자 하는 이유는 자책을 막기 위해서입니다.

우울증이 오면, 꼭 하게 되는 것이지만, 해서는 안 되는 것이 '자책'입니다.

'내 탓이야.', '내가 못났어.', '내가 약해서 그래.', '나 왜 이리 못났을까?', '기대를 저버렸어…'

우울증으로 힘들어하는 사람은 누구나 위의 저런 말을 자신에게 했을 것입니다. 우울증으로 힘들어 하면, 누군가 와서 저런 말을 하기 때문입니다.

'네가 정신력이 약한 거야.', '그보다 더한 것도 다들 이겨내고 살아.', '너만 왜 유독 그러니?', '네가 아주 살 맛 났구나? 그런 병이나 걸리고.'….

이런 말을 듣고 자신을 탓하지 마세요. 절대!! 왜냐면,

"절대 우리 탓이 아닙니다.
우리 잘못으로
걸린 병이 아닙니다."

우울증은 누구나 걸릴 수 있는 병입니다. 유명인들도 우울증에 걸립니다. 누구보다 강한 사람이라고 할 수 있는 외과의사 이국종 교수님도 우울증을 겪었다고 합니다.

우리에게 잘못이 있다면, 너무 착해서, 감정의 쓰레기를 외부로 버리지 못하고, 마음속에 품고 살아온 것뿐입니다.

우리는 나쁘고, 약한 사람이 아닙니다.

우리는 우리를, 스스로를, 사랑해줍시다. 그리고 잘 다독여서, 그 감정의 쓰레기를 밖으로 버릴 수 있게 해줍시다.

어떻게요?

"나를 사랑하는 방법으로요."

> 기억해요, 우리

▸ 하지 말아야 할 3가지

1. 술은 우울증 약과 상극입니다. 술을 멀리하세요.
   술은 세포 간의 감정 전달을 활발하게 하여, 우리의 감정 기복이 심해지게 합니다.

2. 탄수화물 끊거나, 폭식하지 말기!
   적당한 탄수화물 섭취는 '세로토닌' 생성에 도움을 줍니다. 행복 호르몬 '세로토닌'을 위해서 적당한 탄수화물 섭취가 필수입니다.

3. 자책하지 말기.
   가장 중요합니다. 자신을 탓하지 말고, 자신을 사랑해주세요. 세상에서 가장 중요한 사람. 바로 '나'입니다.

우울증에
도움이 되었던 것

 제가 우울증을 극복할 때, 도움이 되었던 것들에 대해서 알아보려 합니다.

1) 피아노 연주

 예체능과는 거리가 먼 저에게 음악의 위대한 힘을 알게 해주고, 힘들 때마다 저를 위로해준 피아노는 잠에 들기 힘들 때 한 시간 몰입해서 치고 나면 기분도 좋고, 숙면에도 큰 도움이 되었습니다. 악기를 배우고 싶었는데, 배울 기회가 없었던 분들은, 시간을 억지로 내서라도 배워 보심을 추천합니다. 자신의 감정을, 말과 글로 표현하는 것은 쉽지 않습니다. 감정이라는 것이 그리 말처럼 쉽게 정의되지 않기 때문입니다. (예를 들면, 슬프지만 슬프지 않은, 그런 말로 표현할 수 없는 느낌?) 그런 감정을 음악은 담아서 표현할 수 있습니다.

2) 아로마 테라피

친구가 사준 아로마는 급할 때 아주 유용한 수단입니다. Stress-fix라고 하여, 감정이 좋지 않을 때, 손목이나 귀 뒤에 발라주면, 효과가 있습니다. 일시적으로 감정의 불안함, 호흡 곤란, 공황장애 등이 올 때, 아로마는 잠시 안정감을 주었습니다. 특히나 선물로 받은 아로마는 혼자라고 느껴질 때, 작은 위로도 되었습니다. 주변에 우울한 친구가 있다면, 선물로 주셔도 좋습니다.

3) 글쓰기

앞서 이야기한 피아노 못지않게, 글쓰기도 훌륭한 우울증 치료 수단입니다. 요즘은 정신과에서 강력히 추천하는 치료법 중 하나입니다.

자신을 객관적으로 제3자의 시점으로 쓰면, 자신의 생

각, 감정을 비교적 명확하게 알 수 있고, 감정을 표출할 수 있으며, 그 과정에서 해소가 됩니다. 정신과 상담 때, 쓴 글을 의사 선생님께 보여드리면, 치료에도 효율적으로 사용될 수 있습니다. 매일 쓰다 보면, 저처럼 책을 낼 수 있는 기회도 생깁니다.

4) 여행

우울증 극복에 가장 결정적인 도움을 준 것이 여행입니다. 자유를 느끼게 해주고, 구속되어 있다는 생각을 잊게 해줬습니다. 여행을 하면서 패러글라이딩, 지프와 이어 타기 등으로 원효대교에서 떨어져 죽으려고 했던 저의 기억을 대신했습니다. 이렇게 기억을 대신 덮지 못했으면, 아마도 저는 원효대교를 볼 때마다 그때의 기억으로 힘들어했을지도 모릅니다. 멀리 해남까지 떠난 여행에서 저는 저의 부정적인 기억, 감정을 다 두고 왔습니다. '의존'하던 것을 '상실'했던 저에게, 그 여행은, 남겨둬서는 안 될 부정적인 것을 '상실'시킴과 동시에, 잃어버린 '의존'의 대상을 자신에게로 돌릴 수 있었던 시간이었습니다.

그 외에도, 산책하기, 예전에 봤던 드라마 다시 보기 등도 좋은 방법이었습니다. 과거의 좋았던 시절을 다시 상기시킬 수 있었습니다.

우울증을 혼자 극복하기는 힘듭니다. 하지만, 누구의 도움으로 이겨내는 것도 힘듭니다. 결과적으로, 자신의 힘으로 이겨내야만 의미 있는 것이 우울증입니다. 그래서 누군가와 술을 실컷 마신다거나, 누군가와 함께 어디를 간다거나 하는 것은, 잘해야 일시적인 도움이 될 뿐입니다. 되레 그 사람과 다시 떨어지면, 더 큰 외로움에 더욱 우울증이 심해질 수 있습니다. 결국 자기 자신을 찾고, 자신을 사랑할 수 있는 상황을 만들어야 우울증은 극복되는 것 같습니다.

기억해요, 우리

자신을 사랑할 수 있는 상황.
그 상황이 우울증 극복에 도움이 됩니다.

스트레스를
이겨내는 연습

저는 스트레스를 피해왔습니다.

저에게 있어서 스트레스는 극복의 대상이라기보다는 회피의 대상이었습니다.

이 생각이 깨진 것은, 우울증을 겪고 난 뒤였습니다.

제가 스트레스를 피하기 시작한 것은, 중학교 때의 경험에서 시작됩니다.

중학교 때, 잠깐 농구에 재미를 붙였습니다.

저와 상철이, 상민이, 그리고 철수라는 친구 넷이서 농구를 자주 즐겼습니다. 상철이와 상민이는 농구를 잘

하는 친구였고, 저는 그냥그냥 운동 신경이 나쁘지 않아서, 즐길 수 있는 수준이었습니다. 철수는… 운동을 잘 못하는 몸치였죠.

어느 주말. 4:4 농구가 예정된 그날. 철수가 나오지 않았습니다. 휴대전화가 없던 시절, 그리 안 나와버리면 답이 없던 시절입니다. 4:4 농구는 3:3이 되었습니다. 아쉽지만, 즐겁게 놀았죠.

다음 날 상철이가 저를 불러, 철수에게 따끔하게 이야기를 해야 한다고 합니다. 혼자 빠져서 우리에게 피해를 주었기 때문이라는 것입니다. 내키지는 않았지만, 대표해서 이야기하는 것이라고 생각했습니다. 철수와 저는 같은 반이기도 했습니다. (상철이, 상민이는 저희와 다른 반이었습니다.)

"철수야. 잠깐만 우리 얘기 좀 하자."

저보다 깡마른 철수가 안경을 치켜올리며, 특유의 흐느적거리는 약한 걸음걸이로 따라 나옵니다. 복도의 끝에서 저는 이야기를 시작했습니다.

왜 안 나왔냐. 너 때문에 경기를 제대로 못 했다. 이야기를 해주지 말도 없이 안 나오냐….

그런데 철수는 고개를 숙이고 울먹거렸습니다.

이유는 알 수 없지만, 철수는 저를 야속한 표정으로, 눈물 가득한 눈으로 바라봤습니다.

저는 제가 나쁜 사람이 된 것 같아서, 철수와 멀어졌습니다. 더 이상 농구에 철수를 부르지 않았죠.

오래 지나지 않아 진실을 알게 되었습니다. 다른 친구로부터 들었습니다. 철수가 상철이와 상민이에게 괴롭힘을 당했었다고 합니다. 마르고 운동 신경도 없는데, 저랑 친해서 같이 다녔던 철수. 그 철수를 농구에서 떼어내기 위해, 철수가 자발적으로 나오지 않을 때까지 괴롭혔다고 합니다. 그리고 철수가 나오지 않자, 저와 철수 사이를 갈라놓으려고 저에게 그런 일을 시킨 것이었습니다.

저는 철수에게 사과를 했지만, 철수의 마음은 이미 닫혔습니다. 철수에게 저는 상철이, 상민이와 다를 바가 없었습니다. 그렇게 저는 친한 친구 철수와 멀어졌습니다. 상철이, 상민이와도 당연하게 멀어졌습니다.

저는 철수와의 그 사건 이후로, 극심한 스트레스를 받았습니다. 살면서, 그렇게 제 잘못으로 친구를 잃어본 적이 없었습니다. 한동안의 방황 끝에 저는 결심했습니다.

'사는 건 참 힘든 일인 것 같다. 어차피 힘든 인생. 스트레스 받지 말고 살자.'

(돌이켜보면, 중학교 2학년이 할 생각은 아닌 것 같습니다.)

그래서 저는 그 뒤로 스트레스를 회피하기 시작했습니다. 스트레스를 받을 것 같은 일은 회피했습니다. 덕분에 선천적으로 밝은 성격이, 대책 없이 더 밝아졌습니다.

그렇게 밝게 살아오다가, 피할 수 없는 스트레스에 노출되고, 저는 우울증에 빠졌습니다.

어느 정신과 박사님의 책을 읽다가 알게 되었습니다. 적당한 스트레스는 오히려 스트레스에 저항하는 힘을 키워준다고 합니다. 저는 그 저항력을 키우지 않았습니다.

적당한 스트레스는 피하지 마세요. 나중의 더 큰 스트레스를 위해서, 가끔은 용기 있게 부딪혀 보는 연습이 필요하답니다.

적당한 스트레스는 피하지 말고 이겨내는 연습을 해서, 스트레스 맷집을 키웁시다.

나를 사랑하는 방법

 많은 우울증 상담을 하면서, 저는 정신과 상담을 하시라는 말과 함께, 이 말을 꼭 합니다.

 "자신을 사랑하세요. 분명, 마음속에 자신을 사랑하는 마음이 남아있을 겁니다. 그 마음을 지키고, 키워서 자신을 보호하세요."

 이 말을 자주 하다 보니, 듣는 분들의 마음이 이렇지 않을까 생각이 듭니다.

 "너는 다 나았잖아. 나도 그건 알아. 그런데 나를 어떻게 사랑해야 하는지, 그 방법을 모르겠어. 너는 아팠을 때, 그게 떠올랐니?"

그렇습니다. 저도, 아팠을 때, 자신을 사랑해야겠다는 생각을 해보지 않은 것은 아닙니다. 하지만 그 생각을 어떻게 실천해야 하는지 잘 몰랐습니다.

돌아가서 제가 느낀, 자신을 사랑하는 데 도움이 되었던 방법들을 이야기해보려 합니다.

다만, 이 방법들이 절대적이지는 않습니다. 사람마다 다를 겁니다. 자신에게 맞는 방법을 찾아보세요.

1) 내 행동을 스스로 합리화하기

일반적으로는 나쁜 행동으로 생각될 겁니다. 자기 합리화는 비겁한 수단이 되거나, 핑계에 불과한 경우가 많습니다. 다만, 자신을 지키는 데 도움이 될 수 있습니다.

'난 패배자야. 난 모든 것을 잃었어. 나는 그냥 낙오자고, 병신에 불과해.'

이렇게 자기에게 상처를 주는 생각을 하지 않아야 합니다. 자기에게 상처를 주지 않기 위해, 상대에게 책임을 전가해버리세요.

'나는 이럴 수밖에 없었어. 이렇게 된 건, 뒤에서 수작을 부린 너 때문이야. 난 패배자가 아니야. 네가 비겁

했지.'라는 식으로 나를 철저하게 지킵니다. 네. 나쁜 짓 같습니다. 어떻게 내 소중한 사람, 상대에게 그렇게 할 수 있냐고 반문하실 겁니다. 하지만, 우선 내가 낫는 것이 제일 중요합니다. 내가 나아야, 소중한 상대가 있는 것입니다.

2) 내가 나를 사랑하고 있다고 '인지'하기

우울증에 걸리면, 자기 스스로가 싫어지고, 쓸모없다고 생각하게 됩니다. 그러면서, 쓸모없는 인생 죽고 싶어집니다. 그런데 불행 중 다행으로, 그렇게 죽고 싶다고, 주변에 이야기하게 됩니다.

"야, 나 죽을 것 같아."

"난 쓸모없는 사람이야. 죽어버릴래."

"어떻게 죽는 게 제일 쉽냐?"

주변에 이런 신호를 계속 보내게 됩니다. 어디 조용한 산속에 들어가거나, 그냥 한강 다리 위에서 뛰어내리면 더 죽을 가능성이 높은데 왜 우리는 이렇게 주변에 말을 하게 되는 것일까요?

그건 우리 마음속에 살고 싶은 마음, 나를 사랑하는 마음이 남아 있기 때문입니다.

그런 마음이 있다는 것을 인지하는 것이 중요합니다. 그 마음을 인지한 순간, 저는 그토록 하고 싶었지만 하지 못했던 일, 마음껏 울음을 터트릴 수 있었습니다.

3) 무슨 일을 해도, 나를 칭찬해주세요.

실수를 했다고 해도, 나를 칭찬합니다.

"실수? 다음에 잘하려고 그러는 거야. 잘했어."

"아무것도 하지 않으면, 실수할 일도, 실패할 일도 없어. 무엇이라도 한 내가 자랑스러워."

"정신력이 약해서 우울증에 걸리는 거라고? 웃기지 마. 아무것도 하지 않았던 너희가 뭘 알아? 난 너희들보다 더 크고 중요한 일을 하다가 잠시 잠깐 힘들었을 뿐이야. 난 더 중요한 일을 하고 있어. 그런 내가 대견하고, 자랑스러워."

"우와… 학교 졸업하고 일기를 매일 써본 게 언제야? 이 나이에 이렇게 매일 글을 쓰는 내가 너무 대단해."

"이 나이에 피아노를 배운다니. 너무 대단하잖아?"

"한 잔 마시고 싶었는데 참았어. 잘한 것 같아."

아주 사소한 것도 칭찬해주세요. 스스로에게 계속 칭

찬해주세요. "오늘 잘 잤어." "일찍 일어나서 책을 봤어." "오늘도 홈트 안 빠지고 잘 했어." 등등!

칭찬할 게 없다면, 나쁜 일조차 긍정으로 바꿔봅니다.

"홈트 깜박했다. 괜찮아. 오늘은 쉬면서 근육이 만들어지는 날이야."

"새벽 기상을 못했네? 그래도 회사에 늦지 않았어. 잘 했어."

쉽지는 않을 수 있습니다. 마음이 힘든데, 자기를 스스로 칭찬하는 건, 처음에는 어려운 일일 수 있습니다. 아플 때 저 역시, 참 어려워했습니다.

저는 바보 같고, 세상에 없어도 될 것 같고, 필요 없는 존재, 마이너스적인 사람이라고만 생각하고, 계속 자신을 괴롭혔으니까요.

작은 것부터 연습해 봅시다. 하다 보면, 조금씩 될 겁니다.

4) 좋은 말을 계속 생각하기

힘이 되는 말들이 있습니다.

사람마다 다르지만 분명히 그런 말이 있습니다. 멋진

말일 수도 있고, 그냥 평범한 말일 수도 있습니다. 저에게 그런 말은, 이 한마디였습니다.

"엄마는 늘 네 편이야."

아름다운 수식어, 미사여구 하나 없는 담백한 말이었지만, 저에게는 큰 힘이 되었습니다.

혹시 그런 말이 없으시다면, 시집을 읽어보시면 좋은 글들이 많이 있습니다. 이 책의 사이사이 끼어 있는 짧은 글의 문구들에서 찾으셔도 좋겠습니다.

그 밖에…

그 외에도, 취미를 통해 자신을 사랑할 수도 있습니다. 저는 피아노를 완곡하면서 느끼는 그 기쁨으로 나를 사랑할 수 있게 되었습니다. 새로운 운동을 배우면서, 멋지게 만들어지는 몸매를 보면서, 자신을 사랑할 수도 있습니다. 연말정산 잘해서 환급을 많이 받아도 기쁨입니다.

중요한 것은, 나를 사랑하는 그 마음을 잃지 않는 것입니다. 꼭 기억하시고 우리 이겨냅시다.

아프면 아프다고
말하는 용기

 이상하게 오늘 어깨가 아픕니다. 왼쪽 어깨가 잘 올라가지 않습니다. 연신 불편한 어깨를 빙글빙글 돌리고 있습니다. 옆자리 회사 동료가 물어봅니다.
 "어디 불편하세요?"
 "어깨가 불편한 것이, 잠을 잘못 잤나 봐요."
 "아이고. 빨리 병원에 가 보세요."

 이 대화에서 이상한 점은 없습니다. 아주 일상적이고 '정상'적인 대화입니다. 누군가 몸이 좋지 않은 듯, 땀이 비가 오는 것처럼 나고, 얼굴빛이 좋지 않다면, 그 사람에게 물어볼 것입니다.

"어디 몸이 안 좋아요?"

이렇게 누군가가 아프다면 병원에 가라고 하고, 어디가 아프다고 하는 것은, 전혀 이상할 것이 없는 말입니다. 일반적입니다.

그런데 우리는 유독 마음의 병에는 이런 일상적인 대화를 하지 못합니다.

첫째, 마음의 병은 아프지만, 누가 아프냐고 물어보면 대답하기 꺼려집니다.

아직은 두려운 주변의 인식과 어디서부터 시작되었는지 모르는 이 병에 대한 불안감, 무기력함 등등…. 많은 장애물들이 대답을 어렵게 합니다.

둘째, 아프다고 해도 돌아오는 대답은, 위의 일상적인 대화처럼 "병원에 가 봐"가 아니라, 환자에 대한 비난, 힐난, 뒷담화 등이 될 가능성이 높습니다.

마음의 병이라는 말에 대답하는 사람들은 모두 자신이 정신과 전문의인 것처럼,

"야, 한잔해. 내가 낫게 해줄게."

"야, 그런 병이나 걸리고…. 너 아주 인생이 편안하구만? 바쁘게 지내면 그런 거 없어. 내가 너 아주 빡세게 굴려줄게."

같은 나이롱 처방을 내려줍니다.

그로 인한 상처는 고스란히 아픈 우리의 몫이 됩니다.

이러한 이유로, 현실적으로 우리는 마음의 병을 주변에 알리기 겁이 납니다. 어렵습니다. 입을 열기 힘듭니다.

하지만 단연코 말합니다. 해야 합니다.

우리 마음의 병은 '감기'와 다를 것이 없습니다.

우리가 가야 할 '정신과'는 '내과', '외과'와 다를 바 없는 전문 의료 기관입니다.

그리고….

아픈 건
죄가 아닙니다.

부끄러워하지 마세요.

"난 아프고, 치료가 필요하다고" 말하세요.

가정이 있는 사람이 뭐 그런 병이나 걸리냐고 비난하고 힐난한다면, 당당하게 말합시다.

그래서 난 더 빨리 치료받아야 한다고.

저는 회사 동료에게 저의 병을 알렸습니다.

"저는 아픕니다."

"마음의 병이 있습니다."

"치료가 필요한 상태입니다."

"병원을 가야 하니, 업무 공백이 있을 수 있습니다. 이해를 부탁드립니다."

"빨리 나아서 돌아오겠습니다."

그동안 회사에서 쌓아온 나의 커리어가 무너질 것이라는 두려움은 있었습니다. 하지만 그것이 내가 나은 뒤, 그 다음의 문제였습니다. 우울증을 극복한 지금, 일터에서 쌓아두었던 저의 업적 일부가 무너지긴 했지만, 제가 온전히 나았으니 이제 다시 쌓을 수 있습니다.

극복한 뒤, 동료들에게는 미안한 마음을 전했습니다.

"낫는 동안 업무 공백 만들어 죄송합니다. 이제 나았습니다. 감사합니다."

미안한 점은 업무 공백이 발생했다는 점이지, 제 마음의 병이 아닙니다. 단 한 번도, "아파서 죄송합니다."라고 한 적은 없습니다. 감기에 걸렸다고 해서 미안하다고 하지는 않습니다. 옮기게 되면, 미안할 수 있겠지만…. 그건 옮겼을 때의 일입니다.

저는 이런 대화가 일상이 되길 꿈꿉니다.

"너 어디 아파?"
"응, 마음의 병에 걸렸어."
"어휴, 빨리 정신과 가서 치료 받아. 상담하고."
"응, 고마워. 업무 공백이 생기면 부탁할게."

아프면 아프다고 당당하게 말하세요.
숨기면 더 큰 병이 된답니다.

나를 쓸모 있게

하는 것들

우울증이 있는 사람들은 거의 대부분 이런 말을 한 번 쯤은 하게 됩니다.

"쓸모없는 인생. 살아서 뭐해. 죽어야지."

저는 이 말을 들으며, 되묻습니다.

"왜 쓸모없다고 생각하세요?"

대답은 여러 가지입니다.

실패, 실연, 실수, 경제적 손실, 불확실한 미래….

저는 업무로 몇 명의 '진상 고객' 분들을 만나 봤습니다. 한결같이 그런 분들은 꼭 먼저 이런 말을 합니다.

"내가 말이야! 빌딩도 있고!"

"내가 말이야! 너네 사장이랑 친하고!"

"내가 재산이 수백억 있는 사람인데!"

불편한 점이 있으신지, 어떻게 해결해드리면 좋을지 묻는 저에게, 자신의 위치, 자신의 재산을 먼저 이야기하는 사람들이 꼭! 있습니다. 그런 분들에게, 업무 방해 고소장 한 장을 보내면, 저에게 '야', '너' 하시던 분들도 '선생님'으로 호칭이 바뀝니다. 고소장 한 장도 이겨내지 못하는 재산, 사회적 위치는 삶에서 그리 중요한 이유는 아닌 것 같습니다.

다시 돌아와서, 우울증 고민을 저에게 털어놓는 분들과 이야기하다 보면 빌딩도 없고, 돈도 없고, 이성 친구도 없고, 직장, 승진, 진학이 잘못되어서, 그것이 자신이 쓸모없는 사람이라 생각하는 이유라고 합니다.

"그것이 자신의 가치를 결정 짓는 정말 중요한 것인가요?"

라고 되물으면,

대부분은 자신 없이 대답을 합니다.

당연합니다. 알고 있는 것입니다. 그런 것들이 너무나도 큰 것, 내 인생에 결코 없어서는 안 될 것이 아니라는 것을 알고 있기에, 자신 없는 대답이 나올 수밖에 없습니다.

그저 위로가 필요한 분들께는 이런 질문을 하지 않습니다만, 빠져나오기 어려운 자기혐오의 자동 사고에 빠져 계신 분들에게는 가끔, 이런 질문을 통해 생각의 사고를 전환하실 수 있게 합니다.

내 인생을 가치 있게 하는 것은 무엇일까요?

아직 정확하게 모르겠습니다.

아직 40년도 못 산 제가 찾아내기에는 어려운 문제인 것 같습니다. 하지만 확실한 것은, 그 가치 있게 하는 것이 이것들은 아닐 겁니다.

재산, 성적, 이성 관계, 비정상적인 인간관계(때로는 정상적으로 보이는 인간관계도), 승진, 명예…. 이런 것들은 아닌 것을 알 수 있습니다.

나를 가치 있게 하는 그 무엇. 그 무엇이 무엇인지 확실하게 알 수 없는 상황에서, 우리는 그 무엇을 알게 되었을 때 후회하지 않도록, 자신을 소중하게 하는 것이 옳을 것입니다.

자신을 소중하게 하지 않고 있다가, 그 무엇을 알았을 때 아무것도 할 수 없게 된다면, 정말 너무나도 후회할 것 같습니다.

그 무엇을 알 때까지는, 자신을 가장 소중히 하고, 지켜야 할 것 같습니다.

생각해보면, 그 무엇은
어쩌면,
나 자신일지도 모르겠습니다.

판도라의 상자

우울증은 감정의 판도라 상자입니다.

우울함은 우울함의 원인만 사라지면, 해결됩니다. 그러나 우울증은 우울함이 사라진다고 해서 해결되지 않습니다. 우울증으로 발전된 이상, 많은 감정들이 자신을 좀먹으려 듭니다. 감정에 얽매이고, 괴롭힘 당하게 됩니다.

저도 처음에는 그저 작고 사소한 상실감이었습니다. 사소한 상실감에 우울함이 지속되다가, 우울증으로 발전했습니다. 그리고 우울증은 저에게 미움이라는 감정을 계속 던져주었습니다. 주변의 수많은 것들이 미워졌습니다. 소중하고 사랑하는 가족이 미워졌고, 태어날 소중한 둘째 딸과의 쾌적한 생활을 위해 구입한 집이 미워졌습니다. 나중에는 태어난 둘째 딸마저 미워졌습니다. 부모님, 동생, 회사 동료 외에는 거의 모든 것이 미웠습니다. 미움이 가득 차고 난 뒤, 불만이 생기기 시작합니다.

'내가 조금만 더 부모님의 지원을 받을 수 있는 환경이었다면, 다른 친구들만큼만의 도움이 있었더라면, 더 풍족하고 여유 있는 삶을 살고 있을 텐데!' 하면서, 주변의 것들과 자신을 비교하며, 불만을 가지기 시작했습니다.

'에이! 이딴 회사. 죽을힘을 다해서 잘해보려고 애썼는데, 알아주지도 않고. 잘해서 뭐해?'라는 회의감도 들었습니다.

모든 것이 제 인생의 장애물 같고 삶은 회의감으로 가득 찼습니다. 후회, 한, 불만, 원망, 미움, 질투, 불평, 증오, 시기 등의 나쁜 감정들로 제 마음은 점철되어 갔습니다.

어디서부터 풀어야 할지도 모르겠다는 생각이 들었습

니다. 이제는 우울함이 문제가 아니었습니다. 모든 사람이 가질 수 있는 부정적인 감정이 모두 나왔습니다. 하루하루가 힘들었습니다.

회사 동료의 권유로 홀로 떠난 여행에서, 저는 아주 운이 좋게도 좋은 이야기, 좋은 경험을 했습니다.
어느 고승의 말씀을 읽고, 삶의 이유를 찾지 않기로 하였습니다.
"사는 데 이유가 어딨어? 답이 없는 질문에서 답을 찾으니, 답을 못 찾고 엉뚱하게 삶을 포기할 생각이나 하는 것이지. 숨 쉬니까 사는 거야."
삶의 이유를 찾지 않게 되니, 부정적인 것들을 하나하나 털어낼 수 있게 되었습니다. 여행지에서, 저는 저의 부정적인 감정들을 내려놓고 올 수 있었습니다.

부정적인 감정을 내려놓고 오니, 들려오는 작은 소리가 있었습니다.
마치, 판도라의 상자처럼 들려오는 마지막 작은 소리….
'사랑. 너는 지금도 예전에도, 앞으로도, 사랑을 할 거야. 너는 너를 사랑하고 있을 거야.'

그때, 저는 알았습니다.

제가 했던 두 번의 자살 시도에서 저를 구해준 건, 나를 급히 외쳐 불러준 회사 동료도 아니었고, 한강 다리마다 있는 생명의 전화도 아니었습니다.

여전히 내 마음 상자 속 작은 목소리로 저에게 끊임없이 이야기하던, 나를 사랑하는 마음. 그 마음이 저를 죽으면 안 된다고 외치고 있었고, 저를 붙잡고 있었습니다.

'나는 나를 사랑하고 있었구나. 아무리 나의 모든 것이 원망스럽고, 실패한 것 같고, 내가 못났다고 생각하고, 보잘 것 없는 사람이라고 했어도. 내가 아무리 어두운 나락으로 떨어져도.'

'나는 여전히
나를 계속
사랑하고 있겠구나.'

나를 사랑하는 마음이 나를 붙들고 있었다는 것을 알게 되자, 거짓말처럼 저는 금방 우울증에서 벗어날 수 있었습니다.

나의 회사를 다시 생각하게 되었고, 나의 일을 다시 생각하게 되었습니다. 멀리 볼 수 있게 되었고, 나의 환경을 사랑하게 되었습니다.

너무 미웠던 나의 집은 나의 포근한 안식처가 되었고, 미웠던 두 딸은 사랑스러운 저의 분신이 되었습니다.

혹시, 우울증으로 많은 것들이 힘들고, 비관적으로 보이신다면, 마지막 상자 속, 자기애에 귀 기울여보세요. 쉽게 들리지 않을 수 있습니다. 하지만, 포기하지 말고 들어보세요. 잘 들어보면, 분명 판도라가 연 상자 속 마지막 '희망'처럼 '사랑'이 나를 우울증에서 살려낼 것입니다.

포기하지 마세요. 귀 기울여 들어보세요. 거기에 '희망'이 있습니다. '사랑'이라는 이름으로 말이죠.

드라마를 보다가 발견한 우울증 극복 방법

케이블 TV를 돌리다가, 우연히 본 일본 드라마에서 이런 말이 나왔습니다.

"시간이 모든 것을 해결해 주지는 않아. 그 시간 속에서 무언가를 하면서, 정리되는 것이지."

시간은 많은 것을 해결해 줍니다.

아픔의 상처도, 도무지 연주할 수 있을 것 같지 않은 피아노 악보도, 한 편의 글도, 자녀의 양육, 회사에서의 프로젝트….

절대 탈출할 수 없을 것 같던 우울증….

많은 것들이 시간의 힘으로 해결됩니다.

그런데 시간을 무작정 보낸다고 해서, 전부 해결되는 것은 아닌 것 같습니다.

우울증도 그렇습니다.
저는 한동안 무기력함의 덫에 빠져, 아무것도 못하고, 시간만 보냈었습니다.
차츰차츰 나빠진 저는 우울증에서 헤어 나오지 못하고, 최악의 선택들을 했었습니다.

다행히도,
생각보다 저는 가만히 있는 성격이 아니었습니다.

피아노를 배우고, 여행을 가고, 글을 쓰며 시간을 보내기 시작했고, 저는 극적으로 우울증에서 빠져 나왔습니다.
무언가를 끊임없이 하면서, 시간을 보내다 보니, 어느 순간 빠져 나왔습니다.

실연의 아픔에서 벗어나는 데 다른 인연을 만드는 것

이 최고라고들 합니다. 생각해보면, 새로운 인연을 만드는 것도 무언가를 하는 일입니다.

주사를 맞을 때 덜 아프려면, 맞는 순간 무언가를 하면 됩니다. 멀리 허공을 보거나, 잠깐 정신을 다른 곳에 두거나, 주사 맞는 곳이 아닌 다른 곳을 꼬집거나, 찰싹 때려보면 덜 아픕니다. 주사기가 들어가는 장면에 집중하면, 더 아픈 것 같습니다.

우울증으로 힘든 분들에게 뭘 하라고 강요하는 건 참 어리석은 일임을 알고 있습니다. 그걸 잘 알고 있기에, 무언가를 바로 하라고 말씀드리려는 것은 아닙니다. 힘들면, '휴식'을 '하세요'.
그리고 휴식을 한 뒤에 무언가를 하시면 됩니다.
휴학/휴직도 무언가를 하는 것이고, 취미도 좋고, 자기계발도 좋습니다. 춤도, 노래도, 운동도, 무엇이든지 괜찮습니다. 산책을 가서 숨만 크게 쉬다가 와도 됩니다.
무언가를 '한' 그 시간들이 어려움, 아픔, 장애물을 해결해줄 것입니다.

오늘도 무언가를 하는 하루가 되시길 바라 봅니다.

나를 옭아매는 것

중력!
우리가 걷고, 뛰고, 살아갈 수 있게
붙잡아 주는 힘.

하지만,
무중력 상태에서, 편안함을 느끼는 걸 보면,
어쩌면, 우리는 중력이라는 족쇄 속에서
살아가고 있는 것은 아닐까?

Instargram@sena_writer

우울증으로 힘들어할 때, 느꼈습니다.

나를 묶고 있던 감정.

책임감.

의존할 수 있는 존재여야 한다는 강박감.

믿음직한 사람, 믿을 수 있는 사람이어야 하고, 무너지면 안 되고···.

이 관계를 잃고 싶지 않다는 생각.

많은 감정 속에서 저는 묶여 있었습니다.

그런 무거운 것들, 나를 묶어주던 감정들에서 벗어나고 나니, 무중력 체험처럼 가벼워지고, 자유로워짐을 느꼈습니다.

'아. 나를 살아가게 해주는 그런 감정이지만, 그 감정이 나를 좀먹고 있었구나. 가끔은 그 감정을 벗어 던져야겠다.'

그렇게 벗어던지고 나니, 거짓말처럼 우울증의 덫에서 벗어날 수 있었습니다.

혹시 여러분을 옭아매는 감정이 있나요?

그 감정으로부터 벗어나 본 적이 있나요?
없으시다면, 벗어나 봅시다.
어쩌면, 우울증의 덫에서 벗어날 수 있을지 모릅니다.

감정을 던져보세요.

책을 보는데, 한 문장이 눈에 들어옵니다.

"당신의 마지막 날, 당신은 무엇을 남길 것입니까?"

한 정신과 의사가 쓴 책 속에서, 그 글은 나에게, 나의 자녀들에게 무엇을 남겨줄 것인지 묻고 있었습니다.

마음의 병으로 아픈 사람에게는 치명적일 수도 있는, 도움이 되지 않는 말입니다. 이미 세상에, 지인에게, 가족에게, 자신에게 무거운 책임감을 지우고 있을 우울증 환자에게 더 큰 아픔을 주는 말입니다.

저는 저의 자녀에게, 물질적인 것을 물려줄 수는 없습니다. 가진 것이 그 정도로 많지도 않습니다. 혹시라도 먼 훗날, 제 재산이 엄청 많아진다면 가능할지도 모릅니다. 하지만 아마 의미가 없을 것 같습니다. 전 물질적인 것이 많아지면, 하고 싶은 것이 너무 많아서 아마도 딸들에게 물려줄 것이 넉넉하지 않을 것 같습니다.

저는 돈이 생기면, 전국의 어려운 아이, 고아들에게 쓸 것입니다. 아이는 나라의 미래라고 생각하기 때문입니다. 아프리카에 우물도 하나 만들어야 합니다. 6·25 참전 용사들, 특히, 그중에서도 소외 받는, 여성 참전 용사, 학교 출신 참전 용사들을 위한 추모 사업도 하고 싶습니다. 꽤나 돈이 많이 들 것 같습니다.

책으로 돌아와서, 글쓴이는 물려줘야 할 유산이 '행복'이라고 합니다. 자녀에게 물려줄 진정한 유산은 '행복함'이라고 합니다.

행복을 느낄 줄 아는 모습을 아이에게 보여줘야, 아이도 행복을 배운다고 합니다.

작은 것에서 행복을 느끼는 것은, 부모의 교육이 크게 작용한다고 합니다.

저는 제 아이에게 행복을 알려줄 수 있을까요?

이런 생각이 들었습니다. 만약 2020년 그 어느 날 제 스스로 목숨을 버렸다면, 제 아이들은 어땠을까. 아마도 나는 세상 가장 나쁜 유산을 남겨준 아빠가 되었을 겁니다. 불행해서, 아빠가 불행해서 스스로 삶을 포기했다는 것을 아이들이 알게 된다면 어떤 삶을 살지 생각하면 무섭습니다. 살아 있어서 다행입니다. 저는 제 아이에게 행복을 남겨 줄 수 있는 시간과 기회가 남아 있습니다. 아직 행복을 전해 줄 수, 남겨 줄 수, 알려 줄 수 있습니다. 저에게 행복이 있기 때문입니다. 행복을 찾을 수 있기 때문입니다.

혹시 지금, 함께 게임을 할 친구를 찾으시나요? 함께 술 마실 사람을 찾고 계시나요? 누구와 무엇을 하며 보낼지보다, 행복을 어디서 찾을지, 생각해보시는 하루가 되셨으면 좋겠습니다.

우울했던 내가
우울한 당신에게
꼭 들려주고 싶은
나의 이야기.

Ⅳ.
우울증
그 이후

우울한 당신에게
해주고 싶은 이야기.

'겁쟁이'라 다행입니다

 우울증을 겪고 있으신 분들은 한 번쯤은(?) 자살 시도를 해보셨을 겁니다. 저는 두 번의 자살 시도를 했었습니다.

 한강의 많은 다리들 중 하나에 올랐었습니다. 회사 옥상 난간에도 올랐었죠.

 오르기 전에는 참 겁도 없고 용감합니다.

 '수영해서 나올 수도 있으니, 몽롱하게 약을 좀 먹고 가야 확실할 거야.'

 '건물 높이가 낮으니깐 머리부터 떨어져야 확실하게 갈 수 있어. 점프를 뛰어서 머리부터 떨어지자.'

그런데, 막상 올라가면, 그 마지막 한 걸음. 마지막 점프 한 번이 참 어렵습니다.

'살면 뭐해?'라는 자동 사고에 빠져 죽으려고 갔지만, 온갖 생각을 하면서 머릿속에서 시뮬레이션 해봅니다. 그래도, 올라가서는 마지막에 겁이 나 손발이 떨리면서, 주저합니다.

신발을 벗고, 유서를 아이폰 메모 앱에 쓰고, 가지런히 모아둡니다. 그래도 마지막 한 걸음은 떨어지지 않습니다.

그때는 제가 '겁쟁이'라서 그런 줄 알았습니다. 그래서 한때는, 잘못된 선택을 한 사람들이 '용기' 있다고 생각했습니다.

한참이 지난 지금의 제 생각은 다릅니다.

그분들은, 잘못된 선택을 하신 그분들은 '용기' 있는 사람이 아니었습니다.

제가 뛰어내리지 못한 이유는 제 마음속 자기애 때문이었습니다. 그 마음을 느꼈기 때문에, 주저했을 거라고 생각합니다.

끝내 뛰어내리지 못한, 2020년 7월의 어느 날. 저는 패러글라이딩도 해보고, T-익스프레스 같은 놀이 기구도 타봤습니다. 저는 생각보다는 겁이 없는 사람임을 확인했습니다.

새벽에 안타까운 소식을 들었습니다.

서울시 최연소 7급 공무원으로 유명세를 타서, 한 예능 프로그램에서도 나왔던 분의 안타까운 소식⋯.

너무 많은 분들이 힘들어하다가, 내색도 하지 못하고, 상처 받고, 잘못된 선택을 하시는 것 같습니다.

안타까운 마음이 듭니다.

좀 더 내면의 소리에 귀 기울이셨더라면⋯.

분명 그분들에게도 자기애의 마음이 판도라 상자 마지막에 있으셨을 겁니다.

얼마나 무서웠을까요?

회사 옥상 난간에서 높지 않은 높이의 그 난간에서 느꼈던 공포⋯. 다시 생각이 납니다. 한 걸음. 한 번의 점프만을 앞둔 그 두려움⋯.

경험을 해보니, 그분들의 선택이 더 마음 아파옵니다. 자신을 사랑하는 마음. 그 마음의 외침 한 번을 들었더라면, 그 선택을 하지 않았을 것이란 생각을 하니, 더욱 마음 아파옵니다.

마음이 아플 때는, 주저하지 말고, 병원을 찾으세요. 아플 때, 병원에 가는 것은 당연한 것입니다.

아픈 분들에게 필요한 것은 옥상 위에서 주저하지 않는, 내면의 소리를 무시하는 것이 아닌, 아픈 자신을 적극적으로 치유하려는 행동입니다.

나의 아픔을 외면하지 않는 것.

그것이 진짜 '용기'라고 생각합니다.

우울증 이후, 후회되는 것들

저는 딱히 후회를 많이 하는 성격은 아닙니다.

주식도 한 번 판 종목은 뒤돌아보지 않았고, 증권맨 시절, 고객에게도 매도했으면 최소한 한 달은 절대 그 종목 차트는 보지 말라고 신신당부를 하는 사람이었습니다.

지난날에 대한 후회보다는 앞으로 나아갈 것을 고민하는 것이 더 나은 것이라고 믿기에, 후회는 저와는 거리가 있는 단어입니다.

그런 저도 우울증을 겪고 극복한 뒤, 후회하는 것이 있습니다. 그중 하나를 이야기하려 합니다.

사실 SNS에서는 자주 언급했던 이야기입니다.

저에게는 좋은 친구가 있었습니다. 꽤 의지했던 친구입니다. 우울증 극복 과정에서 몇 차례 저에게 온 위기를 극복하게 해준 친구. 목숨을 빚졌다고 해도 과언이 아닌 친구입니다. 하지만, 그 과정에서 그 친구는 꽤 힘들었을 것입니다.

서로가 힘이 되어 줘야 할 사이였지만, 당시 저는 그 친구에게 힘이 되어 줄 수 없었습니다. 도리어 그 친구를 힘들게만 했습니다. 당시에 저는 그 친구가 힘들 것이라고 생각하지 못했습니다. 생각할 수 있는 상태가 아니었다고 보는 것이 맞겠습니다.

두 번째 자살 시도 후, 한 달도 지나지 않아서, 저는 우울증을 기적처럼 극복했습니다. 운이 좋았습니다. 너무 쉽게 저는 자기애를 되찾았고, 회복했습니다. 나았다는 것을 느꼈고, 곧 모든 것이 제자리를 찾아갈 것이라 생각했습니다.

하지만, 그 친구는 돌아오지 않았습니다. 그 친구는 저와 거리를 두려고 했고, 저는 그 거리감을 인정할 수 없었습니다. 화가 났습니다. 문제를 풀려는 행동보다는 '나도 너랑 이제 같이 안 있을 거야!'라는 어린아이 같은 행동을 하고 말았습니다. 저는 그 친구와 멀어졌습니다. 그렇게 우리는 다시 볼 일이 없어졌습니다.

후회합니다.

문제를 해결하려고 하지 않고, 대화를 하지 않고, 기다리지 않고, 대화를 거부한다는 이유로 문제에서 도망친 저를 후회합니다.
그 후회, 그 경험을 다른 분들은 하지 않기를 바랍니다.
우울증으로 힘들어하다가, 겨우 일상을 되찾았는데, 다시 우울증에 빠지는 경우가 많습니다.
우울증 전과 후, 달라진 점을 인정하지 못하면서 생기는 일입니다. 같을 수 없습니다. 달라진 것을 알지 못하고, 인정하지 못하고 다시 상처 받아서 더 깊은 우울증에 빠지는 경우가 있습니다.
바뀔 수 있다는 것을 인정하고 다시 아픈 사람이 없길 바라는 마음에, 저는 저의 솔직한 이야기를 여기에 씁니다.

이 글을 읽으시는 분은 부디 후회가 없으시길 바랍니다.

우울증의 선물
- 두려움 극복

Man is what he believes. - Anton Chekhov.
사람은 스스로 믿는 대로 된다.

저의 오래된 아이패드 뒷면에 새겨져 있는 각인입니다.

스스로 믿는 대로 이루어진다. 그 각인처럼, 실제로 그 믿음대로 움직였다고 자평할 수 있는 건, 우울증의 아픔에서 벗어난 지난해 가을부터인 것 같습니다.

되고 싶은 모습은 늘 있었습니다.

코흘리개 시절부터 꿈꿔왔던 천문학자, 교사, 금융인, 사업가….

지금도 되고 싶은, 하고 싶은 일과 직업은 있습니다. 하지만 쉽게 이루어지지는 않았습니다. 이루어진 것도 있었지만, 이내, 생각과 다른 모습에 다시 원위치하거나, 이루어지지 않은 것들이 더 많았습니다.

우울증을 극복한 후, 저는 믿는 대로 이루기 위한 중요한 것을 알았습니다.

'두려움'을 버려야 한다는 것입니다.

두려움이 없어야 행동을 하고, 행동을 해야, 믿는 것이 이루어집니다.

아쉬움 가득한 저의 첫 책도, 두려움이 없었기에 가능했습니다. '누가 내 책을 보겠어?'라는 두려움을 버리니, 책을 낼 수 있었습니다. '내가 무슨 피아노? 나이 들어서 무슨…'이라는 두려움을 버리니 배울 수 있었습니다.

아직 두려운 것이 있지만, 그 두려운 것과 마주할 때는 아마 두려워하지 않을 것 같습니다.

더 이상 되고 싶은 것, 하고 싶은 것을 두려움 때문에 못하게 되는 일은 없을 것 같습니다.

우울증을 겪고 있으시다면 느끼실 겁니다. 한없이 줄어든 자존감에 모든 것이 두렵습니다.

우울증을 이겨내려면 무엇을 해야 하는지 알지만, 두려움에 하지 못하게 됩니다.

누군가 대신 해 주었으면 좋겠다고 생각합니다.

하지만 그 누구도 대신 해 줄 수 없는 현실에, 더 우울해집니다.

'나는 계속 이렇게 지내게 될 거야…' 더 깊은 두려움과 절망, 좌절, 우울에 빠지겠죠.

네. 그렇습니다. 계속 두려움에 떨면, 아마 극복하지 못할 겁니다. 하지만 작은 무언가라도 한다면, 언젠가는 분명 극복하실 겁니다.

힘들어서, 지쳐서, 무언가 할 에너지가 없는 사람에게 너무한 것 아니냐고 하실 수 있습니다.

힘들어서, 지쳐서, 에너지가 없으시다면

'잠시' 가만히 쉬고 계세요.

다만, '잠시'입니다.

우울증으로 힘든 시간을, 두려움을 이겨내는 법으로 극복하고 나면, 무언가 행동으로 옮기는 것이 쉬워집니다.

더 나은 나를 만들 수 있습니다.

하나하나 지워져 가는 저의 버킷 리스트를 보면서, 저는 성장하고 있다고 생각을 하고 있습니다. 이 글을 읽으시는 독자분들도 그렇게 생각하게 되실 겁니다.

그 성장의 기쁨은 선순환이 되어, 또 다른 행동을 낳을 것입니다.

우울증을 극복하면, 우울증이 주는 선물

두려움을 이겨내는 방법입니다.

마음의 신호
'깜박이'

 가족들과 함께 가까운 공원에서 텐트를 치고 놀다 왔습니다. 요즘 들어 큰딸이 캠핑을 가자고 노래를 부릅니다. 딸의 친구 부모님과 이야기를 하다 보니, 유치원 내에서 캠핑 갔다 오는 게 유행이라고 합니다. 듣다 보니 참 별일이 많습니다. 언제는 신발 자랑하는 것이 유행이었다고 합니다. 신발 구경 시간(?)이 있어서, 다들 우르르 가서 누구 신발이 반짝이고, 누구 신발에 리본이 있고, 누구 신발이 더 예쁜지 자기들끼리 품평을 한다고 합니다. 언젠가 큰딸이 이상하게 반짝이 구두만 고집하더니, 그때쯤이었나 봅니다.

이야기를 나누면서 살짝 속상했던 것은, 큰딸이 제게는 이야기를 하지 않았던 것이라는 점입니다. 유치원에서 있었던 일을 자주 물어보는 편인데, 저는 몰랐고, 딸 친구의 부모님은 알았습니다.

 살짝 속상한 마음을 가지고 집으로 오는데, 앞차가 위험한 끼어들기를 합니다. 언제나 위험한 끼어들기에는 '깜박이'가 없습니다. 아이가 있는 탓에, 깜박이만 켜주면, 언제나 양보하는 편입니다. 이렇게 '신호 없이' 들어오면, 가슴은 철렁합니다.

 '깜빡이'…. 방향 지시등. 왜 쓰지 않는 것일까요?
 방향 지시등은 '신호'입니다.
 '내가 이쪽으로 가고 싶습니다.'
 신호를 보내주면, 그 방향의 다른 차량에게 자신의 의사를 전달할 수 있습니다.
 그 방향의 차량은 미리 준비하고 위험에 대비할 수 있습니다.
 가려는 차량과 그 방향의 차량 모두에게 안전을 '담보' 해 줄 수 있습니다.

마음에도 깜빡이가 있습니다. 힘들어하는 사람은 계속 신호를 보냅니다. 그걸 받는 사람은 남이 될 수도, 자신이 될 수도 있습니다. 내가 힘이 든다고 느껴지면 휴식을 취하고, 힘든 이유를 찾아야 합니다.

누군가 힘들어하면, 함께 공감해주고, 위로해주어야 합니다.

그런데, 그 신호에 무뎌질 때가 있습니다.

깜빡이를 켜면, 뒷차가 속도를 내며 비켜주지 않을까 봐, 그래서 목적지에 남들보다 늦게 갈까 봐, 깜빡이를 켜지 않는 사람도 있습니다.

반대로, 깜빡이를 보고도 되려 비켜주지 않으려고, 내 차가 남의 차보다 더 빨리 가게 하려고, 속도를 내어 양보를 해주지 않는 사람도 있습니다.

자신의 안전을, 타인에 대한 배려를 잊게 되는 경우가 있습니다.

하지만, 깜빡이를 무시하는 것은, 결과적으로 위험만 초래함을 우리는 잘 알고 있습니다.

깜빡이 없이 들어온 차량에 급히 브레이크를 밟으면서 한마디를 합니다.

"어이쿠. 저분이 참… 바쁘셨나 보다. 저리 급하게 들어오시고…."

저의 아버지 말투를 따라했습니다. 아내와 딸이 웃습니다.

"어이쿠~" 큰딸이 따라하면서 깔깔 웃습니다.

깔깔 웃는 딸을 보며, 이런 생각이 듭니다.

어쩌면 딸은 저에게 신발 구경 이야기를 했는데, 딸의 깜박이를 내가 못 알아차린 게 아닐까?

좀 더 깜박이를 잘 알아보고 살아야겠다는 생각을 해봅니다.

오늘 아침 출근길. 누군가의 깜박이가 켜져 있는지 살펴보자는 생각을 해봅니다. 제 마음에도 혹 깜박이가 켜져 있지는 않은지 생각해봅니다.

아버지가
남겨 준 유산

 저는 아버지를 좋아합니다. 여느 아들들처럼 아버지를 좋아합니다.

 비록 우울증으로 힘든 어머니께 모진 말을 종종 하시고, 극단적인 선택을 하고 병원에 입원 중인 어머니를 보러 간다고 하니, "동네 시끄럽다. 오지 마라."라고 하시고, 제가 태어났을 때는 아들이라고 하니 땅이 꺼져라 한숨을 크게 푹 쉬었다는 아버지지만, 저는 아버지를 좋아합니다. (쓰고 보니, 아버지 뒷담화를 한 것 같습니다만, 진심으로 아버지를 좋아합니다.)

 한때, 제 인생의 목표였던 분이 저의 아버지입니다.

저의 아버지는 달리기를 매우 잘하십니다. 수영도 엄청 잘하십니다. 옛날, 아버지 어릴 적에는 울산의 젖줄이라는 태화강을 횡단하는 수영 대회가 있었다고 합니다. 매년 그 대회에 참석하셔서 수영 실력을 뽐내셨다고 합니다. 장거리 달리기는 수영보다 더 잘하셨습니다.

전설과도 같은 이야기가 전해 내려옵니다.

아버지께서 소싯적, 회사에서 전국 체전 마라톤에 출전할 경상남도 대표 선수가 나왔다고 합니다. 실업 선수였던 것 같습니다.

그 선수를 응원하기 위해서, 사내 하프 마라톤 대회를 열고, 1등 상품으로 각종 제사용 그릇 세트를 포함한 엄청난 상품을 준비했다고 합니다. 출정식 느낌으로 상을 듬뿍 안겨주고, 가서 잘해라! 하는 응원의 퍼포먼스였죠.

그런데, 저희 아버지가 1등으로 들어왔다고 합니다. 회사가 뒤집혔습니다. 그 선수는 '대회를 앞두고 전력으로 뛰는 거 아니다.', '일반인 상대로 진심으로 뛰지 않는다.', '하프와 풀코스는 완전 다르다.'라는 이야기를 했다고 합니다. 아무튼 멘탈이 무너졌는지, 그 선수는 전국 체전에서 좋은 성적을 거두지 못했다는 후문이 전해

내려온다고 합니다. (돌아가신 할머니께서 해주신 이야기라 신빙성은 의심이 갑니다.)

그렇게 아버지께서 받아 온 제사용품은 거의 30년을 썼습니다. 조모께서는 제사 때마다, "이 제기가 너희 아버지가….''로 시작되는 전설을 이야기하셨죠.

그런 아버지 덕분인지, 저는 어릴 적부터 운동을 잘 안 하는 편이었음에 운동 신경은 있는 편이었습니다.

아버지께서는 달리면 일단 이기고 보는 사람이었고, 신체 능력은 자신 있으신 분이었습니다.

그런 아버지와 저희 가족들에게 큰 시련이 온 적이 있었습니다. 제가 초등학교 5학년 때의 일입니다.

학교 수업 중 선생님이 말씀하십니다. 저의 아버지께서 큰 사고를 당하셨다고 합니다. 당시에는 큰 사고에 대한 감이 오지 않았습니다. 그날은 하루 종일 비가 내렸습니다. 저의 아버지는 제가 공부하던 그 시간, 5톤 트럭을 몰고 빗길을 운행하시던 중 맞은편에서 중앙선을 침범해 온 승합차와 정면 추돌, 트럭이 반파되어 폐차를 하게 될 정도로 큰 사고를 당하셨습니다.

어머니는 급히 수원의 아주대 병원으로 갔고, 저는 잠시 이모에게 맡겨졌습니다.

일요일, 이모와 함께 아버지가 계시는 병원에 갔습니다. 아버지는 의식이 없었습니다. 의사는 고개를 가로저었고, 어머니는 주저앉아 우셨습니다. 그런데 해가 져서 창밖은 어두웠던 그날 저녁, 아버지는 의식을 찾으셨습니다. 의사들이 분주합니다. 아버지는 그 후로도 긴 시간 여러 차례 수술을 받으셨고, 중환자실에서 나오셨습니다.

일반 병실에서 누워있는 아버지에게 물었습니다.

"아빠, 의사 선생님이 아빠 죽는댔는데, 어떻게 살았어?"

당시 참 재밌게 보던 '아니! 세상에 이런 일이?' 류의 책 속에서 보던 그런 이야기를 기대했습니다. 저 멀리 밝은 빛이 보이고, 어느 할아버지가 나오고 그런 이야기 말입니다. 하지만 아버지의 대답은 간단했습니다.

"사랑하는 너희 엄마랑 아들 둘 두고 어떻게 죽냐?"

이 이야기를 학교 수업 시간에 발표했다가, 임신 중이신 선생님이 눈물을 흘리셔서, 옆 짝꿍이 저를 타박했었습니다. 남자가 여자를, 그것도 임신한 여자를 울렸다고 말입니다. 지금 생각해 봐도, 참 생각이 어른 같은 친구였습니다.

제가 아이들에게 남겨 줄 유산을 고민했던 것처럼, 제가 아버지께 받은 유산이 무엇인지 생각해봤습니다.

아버지가 남겨 주신 유산. '끈기/의지' 같습니다. (아버지 아직 살아계십니다….)

어머니가
남겨 준 유산

  제가 글을 쓰고, 글을 사랑하는 것은, 어머니 덕분입니다. 어머니께서는 책을 정말 사랑하시는 분입니다.

  어머니는 21세, 가장 아름답고 가능성이 넘치는 나이에 아버지와 결혼하셨습니다. 나름 경주의 한 지방에서 뼈대 있는 집의 귀한 막내딸로 태어나신 어머니는, 저희 어머니라서가 아니라, 정말 미인이십니다. 믿거나 말거나, 한 국회의원 집안과 혼사도 오갈 뻔(?)했다는 이야기, 미스코리아에 나갈 뻔(?)했다는 이야기가 전설처럼 내려오고 있습니다.

  어머니는 오빠들이 많습니다. 저에게는 모계의 삼촌

(저는 외삼촌이라고 부른 것이 익숙하지만, 자녀들에게는 '외'라는 호칭을 쓰지 않습니다. 그래서 이렇게 쓰려고 노력하고 있습니다.)들이 많습니다. 삼촌들은 늦둥이 막내 여동생인 저희 어머니를 정말 아끼셨고, 사랑으로 키우셨습니다. 그런데, 그런 여동생이 꽃다운 어린 나이에, 삼촌의 가게에서 일하는 막내 직원(저희 아버지입니다.)의 꼬드김에 홀랑 넘어가 결혼을 한다고 합니다.

차마 어디 말 못 할 엄청난 일들이 있었습니다. 표현하기 어려운 난리가 났습니다.

제가 삼촌이었으면, 저희 아버지는 이 세상에 없었을지 모르겠습니다.

어디 사지 중 하나 부숴버려도 성이 안 찰 것 같습니다. 어머니의 집안이 양반가(?)라 점잖은 것이 다행이었습니다.

우여곡절 끝에 어머니는 그렇게 어린 나이에 결혼하셔서, 6개월 뒤 저를 낳으셨습니다….(전설의 육삭둥이입니다.)

어머니는 저의 할머니로부터 꽤나 시집살이를 오래 당하셨습니다.

어릴 적, 남은 기억 중의 대부분은 좁은 단칸방, 약한 전등 아래 벽에 기대어 책을 보시던 어머니의 모습입니다.

할머니는 저를 매우 사랑하시어, 눈 뜨면 데려가셔서 저녁까지 먹이신 다음 저를 집에 보내셨습니다.

어머니가 저를 안을 수 있는 시간은 거의 밥 먹일 때뿐이었다고 합니다.

할머니가 저를 데리고 동네방네 돌아다니며 자랑하시는 동안 할머니 댁과 저희 집의 집안일은 어머니가 독차지했습니다. 고모와 삼촌도 그때는 학생이라, 고모의 숙제부터 삼촌의 빨래까지, 모두 어머니의 몫이었습니다. 집에 돌아오면 어머니는 기진맥진했고, 힘든 마음을 위로할 수 있던 것은 책뿐이었습니다. 저는 어머니 옆에서 책을 봤습니다. 한글도 모르면서 봤다고 합니다.

책 읽기 습관은 그렇게 어릴 때부터 생겼습니다. 책을 좋아해서 시작했다기보다, 책을 읽으며 마음을 치유하시는 어머니를 따라하면서, 어머니를 나름 위로하면서 시작되었습니다.

어머니로부터 받은 독서 습관은 습작으로 이어지고, 습작은 저를 글쓰기를 좋아하는 사람으로 만들었습니다.

몇 번의 논술 대회 입상을 할 수 있었던 것도 어머니 덕분입니다.

"지금의 우강훈 작가를 만든 것은 8할이 어머니 덕분입니다."라고 공개적으로 말할 수 있을 정도로 훌륭하고 유명한, 성공한 작가가 될 수 있을지 모르지만, 확실한 것은 그 8할이 어머니의 유산이라는 것입니다.

전형적인 경상도 남자 스타일의 아버지와 달리, 사랑을 많이 받고 크신 어머니는 정이 많고, 감정이 풍부하십니다. 저의 성격은 어머니로부터 왔습니다.

"네가 나를 닮아서, 우울증이 왔다."며 속상해하시던 어머니. 지금도 자주 전화하시면서, 요즘 어떻냐고 혹여 다시 재발할까 걱정이신 어머니.

"엄마는 항상 네 편이다."라고 힘이 되어 주려 하신 어머니.

어머니는 따뜻한 영혼과 사랑을 제게 남겨 주셨습니다.

참새에게서
저를 봤습니다

제가 우울증을 앓던 초기의 일입니다.

퇴근길에 죽어 있는 참새를 발견했습니다.
용산역에서 용산 전자상가로 이어지는 으슥한 연결 통로를 아시나요?
가보신 분은 아시겠지만, 동물들이 쉽게 들어올 수 있는 곳은 아닙니다.
그런 곳에서 참새 한 마리가 죽어 있었습니다.

평소였으면, 그냥 지나쳤을 겁니다.

하지만 우울증 초기, 병원도 다니지 않을 당시 저는 그 참새가 마치 저의 모습 같아서 지나칠 수 없었습니다.

가방 속에서 티슈 몇 장을 꺼내어, 참새의 시신을 조심스럽게 들었습니다.

죽은 지 얼마 안 되었는지, 참새의 시신에서 약간의 온기가 느껴졌습니다.

온기가 손바닥에 전해지자, 가슴속 울컥한 느낌이 듭니다. 묻어 줄 곳을 찾았습니다.

서울에는 왜 이리 묻어 줄 곳이 없을까요?

결국 회사로 다시 돌아와서, 옥상 화단 양지바른 곳에 묻어주었습니다.

문득 떠오릅니다. 저도 죽으면, 누가 이 참새처럼 묻어주겠죠?

참새가 저를 만나 다행이라는 생각이 듭니다. 동시에 제가 참새와 다를 것이 뭐가 있냐는 생각이 들었습니다.

참새처럼, 제가 죽어도 세상은 달라질 것이 없었고, 살아 있는 사람은 살아가겠죠. 세상은 잘 돌아갈 것입니다.

지금 생각해도 틀린 생각 같지는 않습니다. 하지만, 이런 생각도 듭니다.

'이 참새… 이렇게 나에게 묻히길 원했을까? 마지막까지 살고 싶어 하지 않았을까? 어쩌면, 이 참새의 가족은 지금도 이 참새를 찾으며 슬퍼하지 않을까?'

그렇습니다.
참새가 더 살고 싶다고 갈망한 것처럼, 저는 저를 사랑하고, 살고 싶고, 행복하고 싶어 합니다.

참새도, 저도, 당신도
존귀한 존재이니까요.
사랑합시다.

구급차

출근길….

구급차 한 대가 보입니다.

'누군가 위험한 일을 당했을까?'

걱정과 궁금함이 듭니다.

그런데, 그 생각보다 먼저 떠오르는 기억이 있습니다.

구급차를 본 순간,

그 찰나의 순간,

제 머릿속에 1년도 더 지난 일이 떠오릅니다.

우울증의 가족력에 대해서 이야기했을 때,

저의 가족력에 대해서 이야기했습니다.

저에게는 자살로 세상을 떠난 친척도 있고, 자살을 시도한 어머니도 있습니다.

어머니의 그 사건은 저에게는 충격이었습니다. 당시 저는 마음의 병에 걸릴 거라고 생각을 해본 적도 없었기에 더 충격이었습니다.

어머니의 자살 시도는 드라마, 영화에서나 보던 남의 일이었지, 제 가까이에서 일어나지 않을 것이라고 생각했던 일입니다. 그런데, 친척의 일 이후로 다시 제 가까이에 다시 일어났습니다.

어머니는 다량의 수면제를 드셨습니다.
눈치챈 동생이 먼저 신고를 하고, 구급차를 불렀습니다.
어머니께서는 다행히 다음 날, 정신이 드셨습니다.
(요즘 수면제는 다량 복용해도 못 깨어나지 않는다고 합니다.)

어머니께서 깨어나셨다고 들었지만, 걱정이 되어 동생을 급히 본가로 보냈습니다.
그리고 그날 오후, 아버지와 통화를 했습니다.

저는 제 귀를 의심할 만한 이해하기 힘든 이야기를 들어야 했습니다.

"동네 시끄럽게. 부끄러우니까. 행여 내려올 생각 마라."

어머니의 심정을 이해하지 못하는 아버지의 말씀에, 저는

"동네 시끄러운 게 대수예요? 동생 내려가니 그리 아세요." 하고 소리를 질렀습니다.

무심한 아버지의 말에 되레 제가 상처받았습니다.

시간이 흘러, 제가 마음의 병으로 힘들어하자, 어머니는 울먹이셨습니다.

제가 본인을 닮아서, 마음이 약해서, 병이 생겼다고, 본인 탓을 하셨습니다.

어머니 탓이 아니기에, 마음이 약해서 걸리는 병이 아니기에, 어머니 탓이 아니라고 했지만, 어머니는 듣지 않으셨습니다.

생각은 잠시 멎고, 제 시선에는 구급차가 여전히 있습니다.

'누가 아파서 왔을까?'

부디 나쁜 일이 아니길 바라면서, 잠시 기도해봅니다.

우울해서 나쁜 선택을 하신 분이 있어서, 그래서 온 구급차라면, 부디 다시 일어나시어, 자신을 사랑하는 법을 알고, 극복하시길 바라면서, 다시 기도해봅니다.

동네 시끄럽다. 부끄럽다는 사람이 없으시길, 깨어나서 다행이라며, 손 잡아주고, 함께 울어줄 수 있는 사람이 곁에 있길, 함께 울어주는 사람과 실컷 울고, 자신을 사랑하는 법을 알게 되고, 우울함을 이겨내는 사람만이 있길.

구급차를 만난 오늘의 출근길에도 다시 기도해봅니다.

보이지 않게
성장하고 있어요

딸아이가 비눗방울 놀이를 하고 싶다고 합니다.

어릴 적 추억 생각에 적당한 용기에, 빨대를 이용해서 짜잔~! 하고 비눗방울 놀이 도구를 만들어 주었습니다.

그런데, 비눗방울이 만들어지지 않습니다.

아무리 힘껏 불어도, 살살 불어도 비눗방울은 만들어지지 않습니다.

실망한 아이를 달래주면서, 급하게 마트를 갑니다. 가서 비눗방울 놀이를 사다 줍니다. 아이는 그제서야 웃으면서 비눗방울 놀이를 하면서 놉니다.

왜 안 불어졌을까?

이유를 찾아봅니다.

알고 보니 요즘은 친환경 세제라서 비눗방울이 안 만들어진다고 합니다.

제가 어렸을 적엔, '퐁퐁'을 푼 물로 비눗방울 놀이를 했었는데 말입니다.

예나 지금이나 똑같을 것 같은 주방세제도 모르는 사이에 많은 발전이 있었나 봅니다.

아마 개발자, 연구원분들은 매일매일 치열한 연구를 하셨을 겁니다.

밖에서는 티도 나지 않고, 보이지도 않는 이런 발전을 보면서, 우리의 내면도 같다는 생각을 합니다.

티도 나지 않는 것 같지만, 우리의 내면은 치열하게 성장하고 있습니다. 그 과정에서 여러 아픔이 있는 것입니다.

그러니까,

냉정하게 자기 객관화를 하면서, 자신에게 실망하지 않으셨으면 합니다.

그렇습니다.

우리는 지금 성장하고 있는 중입니다.

찬란하게 빛나는 당신

의사들이 많이 나오는 드라마를 봤습니다. 그 드라마의 한 에피소드입니다.

유방암 수술로 한쪽 가슴을 잃은 여자 환자가 창밖을 보고 있습니다. 병실의 다른 여자 환자들은 전부 노년의 할머니입니다. 유방암 환자가 갑자기 화를 냅니다. 모든 환자들이 자신을 쳐다보는 것이 화가 났습니다.

"할머니. 가슴 하나 없는 여자라서 그렇게 보시는 거예요? 그만 좀 쳐다보세요!"

가슴을 잃은, 여자 같지 않은 여자가 되었다는 생각에 유방암 환자는 화를 내며 소리칩니다.

할머니는 잠시간의 침묵을 가진 후 입을 엽니다.

"예뻐서 봤지. 너무 고와서."

뜻밖의 대답에 유방암 환자는 되묻습니다.

"가슴 하나 없는 제가, 제가 예뻐요?"

다른 할머니 환자가 말합니다.

"그럼 예쁘지. 우리 같은 늙은 사람들은 고쳐서 나가도 이제는 예쁘지 않은데, 새댁은 예쁘니까."

처음의 할머니도 말합니다.

"나는 가슴 두 쪽 다 없어도 좋으니, 새댁 나이처럼 20년만 젊어지면 좋겠다. 뭐든 할 수 있을 거여."

"나는 20년 젊어지면 할아방구랑 이혼하고 세계를 돌아다니면서 하고 싶은 거 다 하고 살 거야."

짧은 에피소드지만 깊은 감동을 주었습니다.

가끔 우리는 그 암 환자처럼, 나의 약점, 숨기고 싶은 점을 너무 의식합니다. 그래서 그런 의도가 아닌데, 착각하거나 오해하기도 합니다.

할머니 환자들은 암 환자의 빛나는 부분, 젊음, 아름다움을 봤습니다. 하지만, 그녀는 보이고 싶지 않은 모습을 보는 것으로 오해했습니다.

그녀처럼 누군가를 오해하지 말아야겠다는 생각과 할머니 환자처럼 누군가를 볼 때는 빛나는 부분을 봐야겠다는 생각을 합니다.

그리고 누군가는 나를 볼 때, 가장 빛나는 모습을 보고 있다는 생각을 해봅니다.

당신의 빛나는 부분은 무엇인가요?

자살 방지 캠페인

　다닥다닥… 기획서를 쓰는 내 시선의 가장자리에 무언가 느껴진다. 기분 나쁘지 않은 이질감에 시선을 옮겨 보지만, 그곳에는 아무도 없다.
　아무렇지 않게 나는 다시 기획서를 쓴다.

　이상하다.
　그 이상한 이질감이 나를 따라다닌다.
　하루에도 열두 번씩 느껴지는 이질감. 이제는 너무 자주 느껴서, 그리고 기분 나쁘지 않아서, 이질감이라고 부르기에도 이상하다.

길고 긴 회의 중에서도 느껴진다.

갑론을박. 서로에게 책임을 지우려는 모습, 고성이 오가는 상황. 누가 우리 편인지 알 수 없는 난전 속에서, 나는 그 기분 좋은 이질감을 느꼈다.

"요정?" 작게 말했다고 생각했는데, 옆자리 동료가 놀란 눈으로 나를 바라본다.

순간 회의장이 조용해지고, 모든 시선이 나에게로 향했다.

힘이 든다. 패배의식이 가득하다.

가정 상황이 좋지 않다. 화목한 가정을 이룰 것이라 생각했지만, 아내와 나는 맞지 않다. 나는 내 자녀에게는 나의 경험을 주고 싶지 않다. 학업에서 집안의 가난이 영향을 주게 하고 싶지 않다. 그런데… 자신이 없다. 그러기에 나는 충분히 부를 가지지 못했다. 회사에서 나의 모습도 만족스럽지 않다. 아. 나는 도대체 무슨 존재란 말인가.

그 순간 요정이 느껴졌다. 고개를 돌렸지만, 역시나 없다.

한강의 다리 위에 올랐다. 난간에 엉덩이를 걸친다. 몸을 숙이기만 해도 나는 낙하한다. 그래. 무기력하고, 불필요한 삶. 존재 가치조차 느끼기 힘든 삶을 이제 끝내려 한다.

몸이… 숙여지지 않는다.

그리고 그 어느 때보다 확연하게 느껴지는 요정.

손끝에 느껴지는, 요정의 기운. 나의 손을 잡고 있는 것은 작은 요정이 틀림없었다. 눈을 돌려 본다.

보였다. 기분 좋은 이질감. 요정의 정체.

작은 꼬마. '나'였다.

꼬마는 중얼거렸다.

"사랑해."

나는 나를 사랑한다고 말하고 있었다.

눈물이 났다.

필요 없다고 생각한 나였는데, 누구 하나 나를 사랑하지 않는다고 생각했는데,

어린 요정 같은 나는 나를 사랑하고 있고, 내가 쓸모 있는 존재라고 말해주었다.

나는 나의 손을 잡고 내려왔다.
어린 나에게, 아직 해주지 못한 것이 많다.
하고 싶은 것들을 적어서 하나하나 해본다.

아직 나와 요정의 버킷리스트에는
해본 것보다 못 해본 것이 많다.

제 경험을 바탕으로 SNS에 썼던 글입니다.
 그때의 감정을 떠올리는 것이, 점점 힘들어집니다. 그 감정이 힘들어서가 아닙니다. 시간이 지나고 점차점차 흐려지고 있기 때문입니다.

 여러 차례 죽으려고 했던 저는, 스스로 쓸모없다 여겼습니다. 이유가 참 별 볼 일 없습니다. 집을 사고 보니 대출도 많고, 애는 둘이나 있고, 먹여 살리기에 제 능력은 한없이 작은 것 같습니다. 그 와중에 저는 회사에서 별거 아닌 사람인 것 같았습니다.

그러자 마음이 이상해집니다. 아내도 미워집니다. 태어난 둘째는 먹여 살릴 생각을 하니 왜 낳았을까라는 생각마저 듭니다. 완전 인간 이하의 사고 속에서, 저는 이번 생이 망했다고 생각했습니다.

죽고 다시 태어났으면 했습니다.

그런 저를 죽음의 길에서 막아준 것은, 글에서 표현한 요정 덕분입니다. 그 요정의 정체는 내면의 마음. 아직 나를 스스로 죽일 수 없는 나를 사랑하는 마음이었습니다.

경험에 비추어, 자살을 생각하는 힘든 분께 말하고 싶습니다.

"내면의 사랑에 귀 기울여 주세요. 나를 사랑하는 마음을 느껴보세요. 분명 있습니다, 나를 사랑하는 사람. 바로 나 자신 말입니다."

작가의 말

2020년 어느 날,

마음의 병이 제게 찾아왔습니다.

그리고 마음의 병은 태풍처럼 저의 마음을 휩쓸고 지나갔고, 언제 그랬냐는 듯이, 사라졌습니다.

저는 우울증을 정말 짧고 굵게 앓고 극복한 것 같습니다.

우울증의 경험 속에서,

저는 일부 인간관계를 잃었습니다.

하지만 우울증이 제게 나쁜 것만 남긴 것은 아니었습니다.

의외로 우울증은 저에게, 적극성과 하고 싶은 것을 두려움 없이 할 수 있는 용기를 주었습니다.

생명을 잃을 뻔한 경험 속에서, 제가 그동안 쥐고 있던 것들이, 나의 생명, 나의 존재 앞에서 얼마나 하찮은 것인지 알게 해주었습니다. 그래서 저는 쥐고 있는 것을 놓을 수 있는 용기를 얻었습니다. 무엇이 중요한 것인지 알 수 있는 지혜를 얻었습니다.

덕분에 제 안에 있던, 작가의 꿈이 외부로 나올 수 있었습니다.

의미 없는 글자의 나열인 몇 권의 책을 내면서, 버킷 리스트의 한 줄을 해냈다고 의미를 부여했습니다.

다만, 작가로 다시 태어난 이상, 독자에게 의미 있는 책을 내야 하는데, 아무 의미 없는 책이라는 점에서, 마음의 짐이 생긴 느낌이었습니다.

책은 독자에게 의미가 있어야지, 작가에게 의미가 있으면 안 된다고 생각합니다.

그리고, 드디어, 이 책을 냄으로 인해, 저는 그 마음의 짐을 일부 덜어낼 수 있을 것 같습니다.

네.

이 책은 오롯이, 독자님들의 우울증 극복을 위한 지침서가 되기 바라는 마음으로 썼습니다. 많은 사람들이 우울증에서 벗어나기를 바라는 마음으로 썼습니다.

제가 우울증을 극복한 그날부터 생각했던 다짐.

우울증으로 힘든 사람들을 위한 글을 쓰자.

그 다짐을 지키려고 시작한 SNS에 올린 글들을 정리하고, 도움이 될 만한 순서로 재배열했습니다.

원래 생각했던 2021년 봄의 출간은 이미 지났지만, 2021년 중 어느 날에는 출간을 할 수 있을 것 같아서 기쁩니다.

이 책이 세상의 많은 힘든 분들에게 힘이 되길 바랍니다.

언제나 곁에서 나의 힘이 되어 주는, 나의 가족. 특히 나의 분신, 나의 사랑하는 두 딸. 두 딸의 엄마이자, 나의 평생의 반려자 아내에게 감사합니다. 아내에게 이 말은 꼭 전하고 싶네요. 오늘의 당신보다 내일의 당신을 더 사랑합니다.

이 글을 쓸 수 있는 용기를 주신, 하나님께 감사합니다. 언제나 제 편이라는 어머니와 한시도 쉬지 않고 늘 걱정하시는 아버지, 묵묵히 응원해주시는 장인, 장모님. 감사합니다.

마음을 치유하는 음악의 힘을 알려주시는 피아노 선생님. 지혜정 선생님, 감사합니다.

126 R.O.T.C. 44기 금잔디. 사랑한다!

늘 고마운 영원한 사수. 형일이 형. 힘내세요. 응원합니다.

세계 곳곳에서 활약(?!) 중인 우리 D.E.B 친구들. 고맙다. 우린 말하지 않아도 통하니깐.

쓰기 시작하면, 끝도 없을 것 같은 Instagram 친구들… 모두 감사드리고, 사랑합니다.

이 자리를 빌어 논란의 종지부를 찍겠습니다.

SNS ID '세나'는 '세상 가장 소중한 것은 바로 나'의 줄임말입니다. 작가 오피셜입니다.

마지막.

중간에 끼우면, 삐질 것 같은 신경 쓰이는 친구,

미국에서 열심히 살고 있는 친구 노영환에게 감사의 마음을 전합니다.

아마도 다음 책은… 주제에 벗어나서 담지 못했던, 가슴 따뜻한 이야기를 모은 책이 될 것 같습니다.

다음 책에서 뵙겠습니다.

감사합니다.

사랑합니다.

사랑합시다.

                                       2021년 어느 날.

                           당당해진 우강훈 작가 드림.